Nicole de Virgiliis

Wir sind Licht

Nicole de Virgiliis

Willkommen in meinem Leben

1. Auflage 2015

Lektorat und Korrektur: Angela Hochwimmer und Martin Maier
Covergestaltung und Bildbearbeitung: Viktoria Petkau, http://gedankengruen.com
Coverfoto: Nicole de Virgiliis by Annie Bertram, http://www.anniebertram.com
Autorenbild: Miriam Dörr, http://www.miriamdoerr.com
Logo: Vesna Jüttner, http://www.wvj.de
Formatierung, eBook-Erstellung, Buchsatz: Jana Koebel, www.jana-koebel.de

Adresse:
Nicole de Virgiliis
Schaffhauser Str. 116a,
CH - 8152 Glattbrugg
Tel.: 0041 43 542 53 92
Mobil: 0041 78 908 80 35
Facebook: https://www.facebook.com/nicole.de.virgiliis.autorin
Webseite: http://www.wir-sind-licht.ch

ISBN: 978-3-9524545-0-3

»Mit offenen Armen und aus tiefstem Herzen
begrüße ich Sie in meinem Leben.«

Inhaltsverzeichnis

Meinem geliebten Opa Walter

Vielen Dank, dass Du den Weg zu mir gefunden hast, eine Möglichkeit Dich mir zu zeigen und Dir Gehör zu verschaffen.
Danke, dass Du auch nach dem Verlust Deines grobstofflichen Körpers ein Lehrer für mich warst.
Mich mit bedingungsloser Liebe, unermüdlicher Geduld, notwendiger Konsequenz und mit dem Dir eigenen Humor zu meinen Lektionen geführt hast.
In meiner größten Einsamkeit und in der tiefsten Dunkelheit warst Du mein Beschützer, ein ewiger Begleiter auf meinem Weg zum Licht.
Hand in Hand lernten wir, zwei Welten, die zusammengehören, aber dennoch getrennt sind, in unserer Liebe und in unserem Glauben an uns zu vereinen.
Es war und ist mir eine Ehre, ein Leid und eine Freude zugleich.
Machen wir in diesem Sinne weiter, bis wir uns wieder auf derselben Seite begegnen und alle Grenzen aufgelöst sind.

In Liebe,
Deine Nicole

WILLKOMMEN

Willkommen in meinem Leben« ist ein Schlüsselsatz, der mich wie ein roter Faden durch die Wirren meiner eigenen Geschichte begleitet. Ein humorvoller Anstupser voller Selbstironie, den ich in passenden Momenten an meine Lieben richtete. Auch Ihnen wird er hier begegnen ...

Das erste Mal nahm ich bewusst ein Wesen aus einer anderen Dimension in meiner Kindheit wahr. Mit drei oder vier Jahren erblickte ich bei uns zu Hause den Energiekörper eines kleinwüchsigen Mannes. Ich sah ihn klar und deutlich. Er machte mir riesige Angst.

Meistens saß er regungslos in der Ecke im Schneidersitz. Er tat nichts, war nur ein stiller Beobachter. Und doch verriet mir sein Blick, dass er es nicht gut mit mir meinte.

Immer wenn ich ihn bemerkte, versuchte ich, mich abzulenken, suchte die Nähe meiner Eltern oder verließ das Zimmer.

Nachts hatte ich wegen des kleinen Mannes Schwierigkeiten, einzuschlafen.

Ich vergrub mich in meiner Decke und ließ eine winzige Öffnung für meinen Mund, um atmen zu können. Manchmal hielt ich die Luft an, um leiser zu sein, in der Hoffnung, dass er mich so nicht finden würde.

Ich kann mich nicht daran erinnern, jemals meiner Familie davon erzählt zu haben.

Angst im Dunkeln ist nichts Ungewöhnliches, und daher war ich nicht in Erklärungsnöten.

Wenn mein jüngerer Bruder und ich alleine zu Bett gingen, brachte er mich, obwohl ich schon ein Teenager war, in mein Zimmer. Wartete, bis ich mich in meine Decke gekuschelt hatte, löschte das Licht, wünschte mir eine gute Nacht und ging in seines.

Er war mein Held im Schlafanzug und ich ihm unendlich dankbar.

Was freute ich mich, wenn der Tag erwachte!

Das Leben lenkte mich vom Hinsehen ab, doch das Wesen wurde ich nicht los.

Es begleitete mich, bis ich Mitte zwanzig war. Da bekam ich die Chance, mich durch offensives Handeln von dem lästigen Kleinwüchsigen zu befreien.

Vorsichtig erzählte ich einer Psychologin von ihm, erklärte ihr aber, dass mir bewusst ist, dass er nicht real existiert und ich ihn dennoch wahrnehme. Sie wurde sehr nachdenklich und legte sich zurück in ihren Sessel. Angst flackerte in mir auf, dass sie mich für verrückt halten könnte. Also wiederholte ich mich und schönte die Angelegenheit zu meinen Gunsten, um meine Aussage zu relativieren. Ich war erleichtert und mit meiner geschickten Rettung zufrieden.

Auch sie entspannte sich und fragte, was ich glaubte, was er von mir wolle. Darauf wusste ich keine Antwort.

Am selben Abend erblickte ich ihn erstmalig in einem Schrankspiegel, stehend. Er visierte mich an, und ich stellte mich ihm gegenüber. Auge in Auge. Ja, ich hielt ihm stand. Meine Neugier zwang mich, mich mit ihm auseinanderzusetzen.

Er bewegte sich. Zum ersten Mal in meinem Leben hatten wir tatsächlichen Kontakt. Er hob den linken Arm und winkte mir zu. Damit hatte ich nicht gerechnet. In seine Geste interpretierte ich Ungefährlichkeit hinein, und so ließ ich ihn in der Nacht gewähren, als er das Schlafzimmer betrat. Er näherte sich meinem Bett, bis sein Kopf dicht an meinem war und starrte mich an. Im Normalfall hätte ich längst meine Augen geöffnet und mich in Sicherheit gebracht. Dieses Mal hielt ich es aus. Minutenlang passierte nichts. Plötzlich hörte ich ihn flüstern.

»Du bist nichts wert.«

Ich riss meine Augen auf und weinte, als würde ich daran ersticken. Ich rannte ins Badezimmer, schlug auf den Lichtschalter und versuchte, mich zu beruhigen. Zitternd hing ich über dem Waschbecken und spritzte mir wieder und wieder kaltes Wasser ins Gesicht.

Behutsam suchte ich im Spiegel meinen eigenen Blick und erschrak vor der Leere meiner Augen.

Mein Gefühl hatte mich all die Jahre nicht getäuscht: Er war eine Gefahr für mich. Welcher Satz könnte bedrohlicher sein als der, den er mir entgegenschleuderte?

Die ganze Nacht zermarterte ich mir das Hirn. Weshalb sagte er das? Was beabsichtigte er? Was sollte ich daraus lernen? Sprach er die Wahrheit? Wie konnte ich mich davon wieder erholen?

Mir fiel auf, dass der Kleinwüchsige verstärkt auftauchte, wenn sich mein Leben in einer Art Sackgasse bewegte. Mir wurde bewusst, dass ich auch wertvoll bin, wenn ich nichts leiste. Diesen Satz verinnerlichte ich. Meine leeren Augen füllten sich wieder mit Lebendigkeit.

Er traf einen Nerv, und ich entdeckte einen tief sitzenden Schmerz, den ich lindern wollte.

Ich schrieb mir »Ich bin wertvoll.« als Begrüßungstext in mein Handy. Die Entwicklung war spürbar, und nach einigen Monaten änderte ich diesen Satz in »Ich bin ich.«, gefolgt von »Ich liebe mich.«

Die seelische Wunde wurde versorgt und durfte heilen.

Nie wieder ließ der Mann sich bei mir blicken und ist heute nur Teil meiner Erinnerung.

Lange habe ich mich danach gesehnt, verstanden zu werden. Nach Menschen, die auch nur im Ansatz begriffen, was in meiner Welt passierte, und mit welchen Situationen ich ständig zu kämpfen hatte. Ja, es war zeitweise ein Kampf mit mir selber, mit meinen Lieben, mit Konditionierungen, mit Weltanschauungen. Meist ein stiller, der sich aber deshalb nicht weniger brutal äußerte. Vielleicht sind die leisen Kämpfe sogar die gefährlichsten und fordern die größten Opfer. Eines von ihnen war Einsamkeit.

Ich fühlte mich auf meinem Weg schon sehr allein, auch wenn es Personen gab, die ein Stückchen mit mir gingen. Sie begleiteten mich, soweit es machbar war. Ich danke ihnen von Herzen. Sie verschafften mir den nötigen Halt, wenn für mich nichts Haltbares mehr auf Erden existierte. Hoffnungslos, verzweifelt, mit dem Wissen, dass es weitergeht und ich in einer Art Endlosschleife gefangen bin.

Die Freiwilligkeit der Teilnahme macht die Sache auch nicht leichter.

An der Schwelle, das jetzige Leben abzubrechen, stand ich ein paar Mal. Letztlich hielt mich immer die Liebe zu meiner Mutter ab, durch diese Tür zu gehen.

Und ich erkannte, dass das Alleinsein mein Leben friedvoll bereicherte.

Meine Erfahrungen einer breiten Öffentlichkeit zugänglich zu machen, ist eine große Sache für mich. Große Sachen verlangen nicht nur Größe, sondern das Hinnehmen der daraus resultierenden Konsequenzen.

Sie werden auch meine Familie betreffen, die ich aus Liebe bis jetzt von alldem fernhalten wollte.

Ich denke an meine Mama, die Angst vor meiner Gabe hat und es sich durch eine Abwehrhaltung in ihrer Komfortzone gemütlich eingerichtet hat.

Widersprüchlich daran ist, dass sie die erste Person war, die bemerkte, dass an mir etwas merkwürdig war.

Wie oft erzählte sie mir: »Als du noch ein Baby warst, durfte ich nachts nicht an dich denken, weil du sofort wachgeworden wärst.«

Immer sei sie mit dem Gedanken zu Bett gegangen: Bloß nicht an Nicole denken!

Da fallen mir einige Begebenheiten ein, in denen ich sie mit Unerklärlichem konfrontierte.

In meiner Kindheit rutschte mir das, was mein Innerstes bewegte, ungefiltert heraus. Ich trug das Herz auf der Zunge, wie man so schön sagt.

Aus irgendeinem Grund entschied ich mich eines Tages zu schweigen. Das hielt die Dosis für Mutti so gering wie nötig. Und ich tastete mich mein Leben lang an das richtige Maß heran.

Dass ich sie anrufe, sobald sie an mich denkt, ist für sie praktisch und freut sie.

»Kind, das war jetzt wieder Gedankenübertragung«, hörte ich in der Vergangenheit öfter von ihr zur Begrüßung, wenn ich sie anrief.

Ich glaube, beim nächsten Mal werde ich ihr »Ja, das war es«, antworten.

Für meinen Papa ist meine Gabe nicht unbekannt. Beide Eltern hatten sie, wenn auch unterschiedlich ausgeprägt und nicht so domestiziert.

Er selber ist vorsichtig und nimmt sehr viel mehr wahr, als er uns verrät.

Mit zwei hellsichtigen Töchtern macht seine Verschwiegenheit allerdings keinen erkennbaren Sinn.

Ich habe meine kleine Schwester an ihre Fähigkeiten herangeführt. So konnte ich sie beschützen und ihr meine Techniken und Mechanismen erklären. Das war leicht; sie ist zwanzig Jahre jünger. Und so spielten wir uns gemeinsam in die Richtung einsetzbarer Methoden.

Ich bin froh, dass sie nie darauf kam, ihre Gabe in der Schule einzusetzen.

Mein Bruder ist für Spiritualität zugänglich und es fasziniert ihn, weil er die unbegrenzten Möglichkeiten erkennt. Er sieht die Vielfalt der Varianten.

Bei einem Telefonat fragte er mich: »Nicole, nach der Veröffentlichung des Buches stehen dann aber nicht irgendwelche Männer in Weiß vor der Tür, um dich abzuholen?«

Die Gefahr, für krank erklärt zu werden, bestand in meiner Kindheit für ein paar Mitglieder meiner Familie väterlicherseits.

Meine Oma Berta hatte im Zweiten Weltkrieg den Frauen vorhergesagt, welche Männer nach Hause zurückkehren und welche ihr Leben verlieren würden. Und obwohl sie recht hatte, wurde sie dafür angefeindet. Kein Wunder, dass sie sich dazu entschloss, ausschließlich für ihre eigene Familie zu schauen.

Bis heute blieb ich weitestgehend im Verborgenen. Mag sein, dass dies etwas mit den Erfahrungen meiner Oma zu tun hatte.

Doch Zeiten ändern sich, Situationen ändern sich und auch die Konsequenzen ändern sich. Die Menschen, die man einst versucht hatte zu schützen, werden groß und stark. Ihre Seelen reifen, bis sie bereit sind, neue Wege zu gehen.

In der Vergangenheit war ich mit meinen Fähigkeiten oft überfordert und schob sie von mir. Ich erinnere mich an Zeiten, in denen ich nichts mehr damit zu tun haben wollte; nicht mal träumen wollte ich oder Kartenlegen, gar nichts.

Das Verstecken vor meiner Gabe funktionierte nur temporär, fand sie mich doch in meinen dunkelsten Zeiten wieder. Wann immer mich das Leben zu Boden drückte, erschienen meine Ahnen. Ihre Energiekörper posierten wie bei einem Familiengruppenfoto, und im Hintergrund scharten sich Lichtwesen zusammen. So hell, dass ich nicht wegsehen konnte.

Bis ins Erwachsenenalter kam ich nicht auf die Idee, mit ihnen zu interagieren oder mit Energiekörpern bewusst zu kommunizieren. Warum auch!

Ich nahm sie wahr, ich akzeptierte sie und ließ sie in Frieden.

Koexistenz der Dimensionen.

Du kannst versuchen, dein Handlungspotenzial zu ignorieren. Doch je mehr du dich verweigerst, umso gewaltiger führen sie dich an den Punkt, an dem du deine Gabe anwenden musst. Erst wenn du die Befreiungsversuche unterlässt, gibst du dich deiner Berufung hin.

Dann kommt der Zeitpunkt für dich und deine Bestimmung. Sie steht wie Besuch vor der Tür und hat weitere Gaben für dich dabei. Beim Überreichen der Geschenke begrüßt sie dich.

»Hallo, schön, dass es nun endlich geklappt hat. Ich freu mich über deine Einladung, und wir werden eine wundervolle Zeit haben. Darf ich eintreten?«

Klingt auf Anhieb erstmal nett, ist durchaus auch so gemeint. Alles wäre gut, wenn es da nicht ein paar offene Fragen meinerseits geben würde. Die brennendste Frage zuerst.

»Von welcher Einladung sprichst du?«

Dicht gefolgt von: »Wo kommst du her? Was willst du von mir? Wie lange bleibst du? Und könnte es sein, dass nach dir noch andere zu uns stoßen?«

Trotz dieser Fragen ist man gastfreundlich und merkt, dass die Wellenlänge stimmt. Man hat das Gefühl, sich schon ewig zu kennen und bleibt von nun an für immer zusammen. In unserem »Für immer« existierten sowohl sich selbst erklärende, wundervolle Phasen wie auch unbegreifliches Chaos.

Keine Ahnung, wie oft ich mich selber sagen hörte: »Also, entweder dreh ich jetzt komplett durch, oder mir passiert gerade das Großartigste auf Erden.«

Es geschahen Wunder, Dinge, die wir als diese mit den uns zur Verfügung stehenden Mitteln so beschreiben würden. Ich durfte viele erleben.

Und während ich diese Worte schreibe, steigen mir Tränen der Rührung in die Augen, weil Dankbarkeit meinen ganzen Körper durchströmt. Mir ist bewusst, was mir in diesem Leben zuteilwurde, was ich an Kraft erleben durfte. Und neben schier unerträglichen Schicksalsschlägen kann auch tiefer Dank ein Schlüssel sein, sich Neuem zu öffnen.

Danke, nun weiß ich, dieses Buch wird nicht nur Sie, sondern auch mich selber berühren.

Das war jenseits meiner Absicht. Ich wollte Sie einseitig an meinem Leben teilhaben lassen.

In der Annahme, meine dafür notwendigen Erfahrungen schon hinter mich gebracht zu haben.

Doch sind nicht wahre Berührungen immer gegenseitig?

Wie soll es möglich sein, Sie zu berühren, wenn es mich unberührt lässt?

Also gehe auch ich eine Berührung mit Ihnen ein und wir verbringen die kommende Zeit gemeinsam.

Ja, wahrhafte Berührungen sind immer gegenseitig.

Willkommen in meinem Leben.

Ich sehe was, was du nicht siehst

Meine Erfahrungen brachten mir inneren Frieden und eine seltsame Form von Seligkeit, die mich selbst betraf und in mir wohnte.

Was ich in meiner Kindheit und Jugend hellsah, hellwusste und hellfühlte, fand damals keine allgemeine Akzeptanz. Das Hellhören war mir zu jener Zeit entweder nicht bewusst, weil es schwierig von den eigenen Gedanken zu unterscheiden war, oder lag noch eingestaubt in mir verborgen.

Irgendwann erfuhr ich, dass man die Tätigkeit, mit fremden Energien in Kontakt zu treten, zu kommunizieren oder mit ihnen bewusst zu agieren, »channeln« nennt.

Ich war so anders, als es mir die Realität des Lebens vorzuschreiben schien.

Dieses Gefühl kennt sicher jeder auf seine eigene Weise.

Von klein auf fühlte ich den Schmerz anderer Menschen und sah Sachen, die ich damals mit niemandem teilen konnte. So befand ich mich in einem permanenten Balanceakt zwischen der scheinbaren Realität und der Wirklichkeit.

Oft kam ich mir wie ein Sonderling vor, der es gelernt hatte, sich perfekt anzupassen.

So perfekt es eben ging.

Das heißt, alles andere als perfekt.

Vor ein paar Jahren offenbarte mir eine liebe Freundin, dass sie mich in unserer Jugend für eigenartig verrückt hielt.

Ich lebte mein Ich, so wie ich war, auch wenn ich mein Bestes gab, mich in bestehende Strukturen einzugliedern.

Ich denke an die vielen Geburtstage, an denen ich meine Geschenke schon vorher hellsah. Den daraus resultierenden Freudentanz verschob ich bis zum Auspacken. Dann verlieh ich meiner vergangenen Freude den gebührenden Ausdruck. In dem Fall war aufgeschoben nicht aufgehoben.

Es gab eine Zeit, wo ich geballt auf folgendes Phänomen traf: Meine Freunde begannen, mir begeistert von einer Begebenheit zu erzählen und stoppten abrupt ihren Redeschwall. Sahen mich an, als hätte sie ihr Wecker in der Nacht aus dem Tiefschlaf gerissen.

»Ach, was erzähl ich dir das überhaupt, du weißt es ja sowieso.«

Wumm, wurde ich wieder ausgegrenzt.

»Bitte, rede weiter, ich hab doch gar nicht geguckt«, bat

ich fast flehend. »Rede mit mir, schließ mich nicht aus! Ich möchte es hören.«

Meiner Bitte kamen sie nach, wenn ihre Erzählung anschließend auch eher einer Gefälligkeit glich. Mit einem sachlicheren Gesichtsausdruck und einem ungläubigen Unterton in ihrer Stimme beendeten sie ihre Ausführungen.

Genauso rasch, wie dieses Phänomen kam, ging es auch wieder.

Es entsprang sicher der Tatsache, dass ich meine Fähigkeiten lange nicht unter Kontrolle halten konnte und alles ungebremst auf mich einprasselte. Ich merkte nicht, wie es an mir zerrte und meine Kraft verschlang.

Zudem verspürte ich einen permanenten Rausch und war geflasht von den grenzenlosen Möglichkeiten, die in mein Leben traten. An gesundes Haushalten war nicht zu denken.

Es war mir unmöglich, meine Gabe zu kontrollieren; ich konnte sie nicht abstellen.

Also beendete ich zum Beispiel die angefangenen Erzählungen meiner Freunde, weil es nur so aus mir heraussprudelte.

Aber auch ich entwickelte mich weiter, ich versuchte es.

In dem Bewusstsein, dass unausgeglichene Kommunikation unvorteilhaft ist, bemühte ich mich, die Bevormundung zu unterlassen. Es gelang mir.

Leider verfüge ich über eine ausgeprägte Mimik.

Sie signalisierte meinen Freunden, dass ich den Ausgang der Story bereits kannte.

Im nächsten Schritt auf dem Weg zu einer gleichberechtigten Kommunikation entspannte ich meine Gesichtsmuskulatur, so gut ich konnte.

Doch meine Augen verrieten mich.

Willkommen in meinem Leben.

Wenn ich von Zeit zu Zeit aus meinem mich schützenden Schatten ins Licht trat, wurde ich oft dafür belächelt.

Auch Furcht war eine gängige Reaktion.

Was ist schlimmer: Für verrückt gehalten zu werden oder Auslöser von Ängsten zu sein?

Keine der beiden Varianten hinterließ bei mir ein angenehmes Gefühl.

Ich versuchte zu erkennen, was die Menschen für befremdlich empfanden.

Warum Leute in meiner Umgebung bestimmte Sichtweisen nicht teilen konnten, verstand ich nicht.

Heute weiß ich, es war ihnen unmöglich, weil sie auf andere Erfahrungen zurückgriffen.

Paradox, dass auch Menschen um Hilfe baten, die Angst vor mir hatten.

Natürlich hatten sie keine Angst vor mir als Person, aber einordnen konnten sie diese ja nur in mich.

Meine Ehrlichkeit irritierte sie.

Was wiederum mich verunsicherte. Ich tat doch nur das, was man von mir verlangte.

Ich wurde gefragt und antwortete. Also, was war jetzt verkehrt?

Solche Geschichten warfen mich von links nach rechts und waren für mich unbegreiflich.

So sitzt jeder in seinem eigenen Teller und starrt erwartungsvoll auf den Rand.

Das muss als Enttäuschung enden.

Dabei ist es fast erstaunlich, dass ich nicht in Selbstzweifel verfiel.

Für mich war es eine Selbstverständlichkeit, dass ich bestimmte Dinge sah, und die Menschen in meinem Umfeld sahen sie nicht.

Mein Fundament bildeten meine Eltern und meine Großeltern.

Als Kind denkst du, dass sie ewig bei dir sein werden.

Darin steckt Wahrheit, in Wirklichkeit gibt es Unterschiede.

Unsere Beziehungen waren geprägt von Liebe, Vertrauen, Spaß und Lernen.

Mein Opa nahm dabei eine Sonderstellung ein. Nicht, dass ich ihn mehr liebte als alle anderen, dennoch war unsere Verbindung besonders intensiv.

Er war der einzige Mensch auf der Welt, von dem ich wusste, dass er immer für mich da sein würde. Uneingeschränkt, bedingungslos, und ohne mich und meine Lebensführung zu bewerten.

Nicht zu urteilen und nicht zu bewerten, ist meiner Meinung nach kein Ziel eines spirituellen Daseins. Auch wenn es die »Main-Stream-Esoterik« anders verkauft.

Die Tücke liegt im Detail: sich an etwas zu hindern, etwas zu blockieren, was da ist.

Wegdrücken ist nicht des Rätsels Lösung, um dem Spirit näher zu kommen.

Mein Opa lebte keinesfalls wertfrei.

Wer tut das schon!

Aber ich war seine Nicole. Es gab keinen Knacks, nicht einen Bruch in unserem Miteinander.

Ich lernte von ihm Rad fahren. Eine schöne Episode, wenn du ohne Stützräder im Kreis fährst. Die Familie hat sich versammelt, um deinen Durchbruch mitzuerleben.

Dein Opa hält dein Fahrrad am Sattel, rennt mit dir und ist das einzige Element, das dich vorm Umfallen schützt. In der dritten Runde siehst du ihn am Rand stehen und realisierst, dass dich nun keiner mehr hält.

Alle schreien: »Nicole, weiterfahren, du kannst es!«

Da zeigt sich Vertrauen, welches in dich gesetzt wird und was du zu anderen entwickelt hast.

Opa Walter erteilte mir auch nützliche Lektionen in Sachen Geld.

Wenn man mich fragte, ob ich Geld bräuchte, reagierte ich einsilbig und überzeugt.

»Nein.«

An einem Nachmittag, unter der Pergola in unserem

Garten, fragte mich Opa eindringlicher und ich antwortete in gewohnter Weise.

Er bekam einen in Stolz getränkten Blick, der sich aber in ein breites Grinsen verwandelte.

Folgenden Satz durfte ich mir anhören:

»Nicole, wenn ich dich frage, ob du Geld brauchst, dann sagst du ja!«

»Aber ich brauch keins.«

Er lachte.

»Das kann man immer gebrauchen.«

Minuten später stellte mein Opa mir mit einem erwartungsvollen Lächeln dieselbe Frage ein zweites Mal.

Es begann mein innerer Kampf. Einerseits hatte ich grad keine geeignete Verwendung für Geld, auf der anderen Seite verstand ich, worauf er hinaus wollte. In der Absicht mich zu prüfen, wartete er auf meine Antwort.

Vor lauter Überforderung fand ich in meinem Gedankenspeicher nur noch sein: » ... dann sagst du ja!«

Gehorsam hauchte ich ein: »Ja.«

Nein, die Geschichte hatte sich damit noch nicht erledigt.

Er griff in seine beiden Brusttaschen und zog zwei Geldscheine heraus, einen Zehner und einen Hunderter.

»Und welchen möchtest du haben?«

Es wurde mir zunehmend ungemütlicher und ich zeigte auf den Zehner, denn ich brauchte ja eigentlich gar kein Geld.

Nun konnte er sich kaum noch halten vor Lachen. Sein ganzer Körper wackelte.

»Nicole, wenn ich dir einen Zehner und einen Hunderter anbiete, dann nimmst du den Hunderter!«

Gesagt, getan.

Ich bedankte mich, und als er diese Lernaufgabe Wochen später überprüfte, ging das Annehmen schon um einiges leichter. Auch Annehmen will gelernt sein.

Was Opa Walter hauptsächlich mit in unsere Familie brachte, war, wie man es schaffte, sich das eigene Kindsein zu bewahren. Das schenkte uns Spaß, wir lachten und tobten, veranstalteten Blödsinn. Er hatte den Schalk im Nacken, ständig damit beschäftigt, verrückte Dinge auszuhecken. Tausend Erlebnisse könnte ich aufzählen. All diese würden unsere Beziehung als eine Art Seelenverwandtschaft skizzieren.

Nun zur Kehrseite der Medaille: Opa Walter war ein körperlich kranker Mann, auch weil er unser aller Krankheiten übernahm. Wir sollten ihm dankbar sein; allerdings hatte es niemand von ihm erwartet. Es war seine Art, seine Familie zu schützen und zu behüten.

Aus heutiger Sicht betrachtet, empfinde ich mein Leben bis vor zehn Jahren wie eine Welle. Die sich ihr Wasser aus den Weiten des Meeres zieht, um zu wachsen, um kräftiger zu werden. Nicht abschätzbar, wie viel Wasser sie sich holen und wie lang der Prozess dauern würde.

Je mehr Pausen ich einlegen wollte, umso heftiger war der Sog zurück in diese mächtige Welle.

Als ich Mitte zwanzig war, erreichte sie den Punkt, an dem sie innehielt, bereit, ihre Kraft zu entfalten.

Ich lebte in Hamburg, und wir renovierten die Wohnung von Freunden.

Mein geliebter Opa lag mal wieder im Krankenhaus.

In unserer Mittagspause klingelte das Handy und meine Mama war dran.

Sie klang ernst.

Ich wusste sofort, dass etwas nicht stimmte.

Sie teilte mir mit, dass es bei Opa schlecht aussähe und das Mittel, welches ihn am Leben hielt, in zwei Stunden aufgebraucht sei. Es lag eine Patientenverfügung vor, und keiner der Ärzte könne vorhersehen, was passieren würde.

Ich fiel augenblicklich in einen Schock, sollte er doch nach dem Wochenende als gesund entlassen werden.

Alles Menschenmögliche wollte ich in Bewegung setzen, um an seiner Seite sein zu können.

Aber ich konnte nichts tun. Ich wäre niemals pünktlich bei ihm gewesen, weil die Strecke unter Einhaltung der Verkehrsregeln und in Anbetracht der Verkehrslage drei bis vier Stunden Fahrtzeit benötigte.

Schrecklich! Es war ungerecht.

Ich begab mich sofort auf den Heimweg.

Zum Zeitpunkt seines Todes erblickte ich Opa Walter als Energiekörper auf dem Rücksitz über den Spiegel meines Autos.

Verrückt! Nie zuvor sah ich einen Energiekörper, den ich als echten Menschen kannte.

Ich war unfähig zu realisieren, was da geschah.

Jeder, der schon eine geliebte Person verloren hat, kann nachvollziehen, durch welche Gefühlszustände man katapultiert wird. Im raschen Wechsel der eigenen Emotionen erscheint einem alles unwirklich.

Und doch, es war, wie es war, und es ist, wie es ist.

Ich hatte damals nur eine leise Ahnung von den Mechanismen der geistigen Welt, zu wenig, um mich getragen zu fühlen. Und ungenügend, um darauf zu vertrauen, dass mein Opa weiterhin bei mir war. Er nicht nur als Wunschgedanke herumgeisterte oder mein Unterbewusstsein mir einen Streich spielte.

In jener Nacht verharrte sein Energiekörper neben mir im Bad meiner Mutter. Er musste hilflos mit ansehen, wie ich weinte, zitterte und sich meine Körperfunktionen verselbstständigten.

Auch für ihn war die Nacht hart, denn er war dort angekommen, wo er sich nicht auskannte.

In Liebe wurde er empfangen, doch er hatte diese Welt längst vergessen.

Mit uns ließ er alles zurück, was er auf Erden liebte.

Ein paar Tage danach, als wir beim Bestatter von ihm Abschied nehmen durften, brach die Welle endlich. Mit aller Gewalt und all den Wassermassen, die sich über die Jahre hinweg angesammelt hatten, knallte sie auf mich nieder.

Und ich bekam es nicht einmal mit!

Erst im Nachhinein wurde mir bewusst, was dort eigentlich geschah.

Bekanntlich ist Zeit relativ, ich kann alles vor- und zurückspulen. Das erlaubt mir, eher Unwichtiges zu überspringen und mich auf das Wesentliche zu konzentrieren. So sprang ich in Vorbereitung zu diesem Buch in meiner eigenen Zeitlinie zurück. Direkt zu dem Tag, an dem wir im Bestattungsinstitut von Opa Walter Abschied nehmen durften.

Im Nachhinein ist diese Szene makaber.

Meine Sichtweise kannte ich, dennoch bereicherte mich diese Rückschau. Alles mit meiner heutigen Energie zu erleben, war wie ein Blick in alte Tagebücher. Ich konnte mich besser reflektieren, weil ich den nötigen Abstand hatte.

Wie erging es meinem Opa?

Ich begab mich zuerst in meine Energie und dann in seine. Davon möchte ich als Erstes berichten.

DER ABSCHIED

Bericht aus der Sicht von Nicole

Mutti öffnet die Tür, und mein Blick fällt sofort auf den Sarg.

In mich kriecht ein beklemmendes Gefühl.

Der Gang zum Sarg ist gepflastert mit Vorfreude und Angst.

Ich erblicke meinen Opa. Meinen geliebten Großvater.

Er liebte es, wenn ich ihn so nannte.

Meine Angst vor dem Anblick seines toten Körpers war unbegründet. Er sieht gut aus.

Erstaunlich, er wirkt, als würde er schlafen. Genau genommen scheint es so, als liege er dort und würde nur so tun, als schliefe er.

Seine Haare sind gekämmt.

Er trägt einen Anzug und lächelt. Opa war kein Anzugträger, er schmiss sich nur bei unseren Familienfeiern in Schale.

Zu mir fliegen Gedanken an die unzähligen Festlichkeiten. Bei denen sich alle Kinder um ihn scharten, weil er selber wie ein Kind war. Ich sehe Bilder, in denen eine ganze Bande meiner Cousins und Cousinen kreischend hinter ihm herlaufen.

Kinder lieben es, Haschen zu spielen, ich liebte es auch.

Unter diesen Erinnerungen stellt sich bei mir ein friedliches Gefühl ein.

Nach einer Weile verlässt meine Mama den Raum.

Ich bin mit ihm alleine.

Ich nutze die Chance und beginne, wie selbstverständlich mit Opa zu reden.

Um korrekt zu bleiben, ich halte einen Monolog.

Es ist wahrscheinlich eine gängige Reaktion in diesem Zusammenhang.

Ich mache ihm Komplimente, beschwere mich, erzähle ihm das Neueste, ich lache und ich weine von der einen auf die andere Sekunde.

Als ich aufsehe, erblicke ich meinen Opa, und zwar in der Qualität, in der ich ihn auch schon im Auto und im Badezimmer wahrnahm.

Er macht eine übertrieben große Geste mit seinen Armen.

Das ist für mich so absurd, dass ich sofort zurück in den Sarg gucke, um in der Spur zu bleiben.

Warum ich anschließend wieder nach oben schaue, ist wohl nur durch das Phänomen zu erklären, welches sich bei Katastrophen zeigt. Du möchtest nicht hinsehen, aber du kannst einfach nicht wegschauen.

So hebe ich meinen Kopf und erblicke ihn erneut.

Er hüpft über die erste Stuhlreihe. Absurd, total absurd.

Aber diese Vorstellung passt zu ihm, zu seinem Wesen, und zaubert mir ein Lächeln ins Gesicht.

Ich sehe wieder in den Sarg und bemerke, dass sein Scheitel auf der falschen Seite ist.

Der Fehler möchte berichtigt werden und ich lege ihm den Scheitel zur anderen Seite.

Wärme umgibt mich, ich fühle mich von Herzen umarmt.

Als ich in diese Umarmung eintauche und vor mich hinträume, sehe ich ihn wieder.

Hüpfend bewegt er sich über die Stühle.

Ich beobachte ihn.

Aus meinem anfänglichen Lächeln wird ein Lachen, und ich erinnere mich an seine Stimme.

Ich genieße dieses Gefühl, will es aufsaugen und festhalten, weil mir klar ist, dass sich für mich nun alles ändern wird.

Mein Opa, meine Seele, hat mich verlassen, und das tut weh.

Solche Sätze wie: »Ich habe Schmerzen, als hätte mir jemand das Herz rausgerissen«, sind für mich nach seinem Tod keine Phrasen mehr.

Ich fühle das Brennen, das die Wunde hinterließ, und will meinen Schmerz am liebsten hinausschreien.

Ein Teil von mir ist mit ihm gemeinsam gestorben.

Meine Mutti betritt wieder den Raum.

Ich konzentriere mich auf den Opa, der dort im Sarg liegt.

Wir verzögern den endgültigen Abschied.

Es ist eine harte Entscheidung, für immer »Lebe wohl« zu sagen.

Unsere letzte Berührung ist mein Kuss auf seine Stirn.

Wir verlassen ihn.

Bericht aus der Sicht von Opa Walter

Ich steh vor dem Sarg und betrachte meinen Körper.

Dich kenn ich gut.

Da liegst du.

Ein Gegenstand, der einst ein Zuhause für mich war.

Ich bin ausgezogen und lass dich zurück.

Ich danke dir.

Die Tür geht auf.

Meine Enkelin und meine Tochter betreten den Raum.

Sie erfüllen mich mit Liebe und Dankbarkeit, meine zwei Mädels wollen mich sehen.

Hilflosigkeit.

Ich bin aus unserem Familienkreis ausgeschlossen, ich bin fort.

Ich musste gehen, es war an der Zeit.

Guckt den Körper bloß nicht an. Er hat nichts mit mir zu tun.

Aber deswegen seid ihr ja hier, um mich ein letztes Mal so zu sehen, wie ihr mich in ewiger Erinnerung behalten möchtet.

Ich beschließe, mich in die Nähe einer Stuhlreihe zurückzuziehen.

Ich gebe ihnen dadurch den Raum, den sie brauchen.

Ich nehme mich mehr zurück und setze mich.

Das heißt, ich tue so, als würde ich mich setzen.

Ich kenne mich damit noch nicht aus und will nichts verkehrt machen.

Das ist wie wieder auf die Welt kommen, alles neu, die Erinnerung weg oder verblasst.

Alles ist anders.

Sie gucken beide dorthin, zum Sarg, dabei sitze ich hier.

Ich fühle mich gewärmt und geliebt. Die Liebe überdauert, ich nahm sie mit.

Ich trage sie in mir, ich bin Liebe.

Meine Tochter hält es nicht aus. Sie verlässt den Raum.

Und so genieße ich das Gefühl von Nicole beim Betrachten meines abgestellten Körpers.

Es ist ergreifend, wie sie alles Liebevolle in das, was da im Sarg liegt, projizieren kann.

Aber ich bin doch hier!

Ich stell mich auf die Stühle, und als Nicole nach oben guckt, fuchtle ich wie wild mit meinen Armen.

Und schon fällt ihr Blick wieder auf meinen leblosen Körper.

Enttäuschung.

Ich laufe nach links, um mich bemerkbar zu machen. Es geht so leicht.

Und gleich wieder nach rechts, hin und her.

Nicole guckt, sie sieht mich an.

Ja, sie lacht, ein bisschen Freude in dieser Zeit.

Und wieder senkt sie ihren Blick.

Was tut sie jetzt?

Sie richtet den Scheitel. Ja, Ordnung soll sein!

Ich fang mal wieder an zu laufen.

Nicole guckt erneut.

Ich winke wie wild mit den Armen.

Sie lächelt.

Sie sieht mich! Sie erkennt mich!

Welche Freude in mir ist! Unbeschreibliche Freude.

Ich bin doch nicht ausgeschlossen. Ich gehöre noch dazu.

Ich gestikuliere noch intensiver, noch schneller, um sie in ihrer Wahrnehmung zu bestätigen.

Ich höre ihr Lachen.

Oh nein! Ihr Blick geht wieder in den Sarg.

Sie denkt, es war nur eine Täuschung, eine Idee ihrer Erinnerung.

Das ist doch verrückt!

HAMBURG RUFT

Sieben Jahre meines Lebens verbrachte ich in Hamburg, bevor ich weiterzog.

Gerne kam ich zurück in diese pulsierende Stadt, um meine älteste Freundin zu besuchen. Wir entstanden im selben Baujahr und lagen schon gemeinsam auf dem Wickeltisch. Alte Freunde eben.

Mit einem von ihr liebevoll ausgearbeiteten Unterhaltungsprogramm befanden wir uns in einem »Rund-um-die-Uhr-Amüsierstress«.

Meine Freundin interessierte sich für diese Körper-Seele-Geist-Dinge, weshalb ich an einem Nachmittag in einem Hörsaal landete. Ein Autor hielt einen Vortrag über deren Zusammenhänge.

Im Anschluss konnte man sich von einem Medium ins Karma sehen lassen.

Unwissend, was damit gemeint war, beschloss unsere Neugier zu bleiben.

Geduldig warteten wir in der Schlange, um zu erfahren, was sich hinter dem Begriff »Karma« verbarg.

Von Vorteil war, dass auf Diskretion bei der Arbeit mit Klienten keinen gesteigerten Wert gelegt wurde. Jeder hörte bei jedem mit.

Das Medium gab den Fragenden als Information, wie viele Menschen wegen ihnen gestorben waren, welche Fehler sie begangen hatten und benannte Kernpunkte des Charakters. Einer nach dem anderen wurde durchleuchtet.

Als ein reiferer Herr zum Screening nach vorne trat, hörte ich mich selber flüstern.

»Was für ein Spieler.«

Ich wusste weder, woher ich das nahm, noch weshalb ich es laut aussprach.

Als dieses Medium ihm dann mitteilte, dass er in anderen Leben vieles verspielt hatte, Besitztümer und Menschen, waren die Sehspiele für mich eröffnet.

Wenn es einmal klappt, dann klappt es auch ein zweites Mal.

Da ich nun wusste, was sich hinter dem Begriff »Karma« versteckte, wollte ich aus Übungszwecken bei allen anderen auch in dieses sogenannte Karma schauen.

Gedacht, getan.

Ich war begeistert, dass das, was ich sah und welche Informationen ich bekam, auch von diesem Medium an die Personen weitergegeben wurde.

Wir sahen dasselbe.

Es ging so leicht; ich konnte es kaum glauben.

Dann war ich an der Reihe; gespannt auf seine Aussage, hoffte ich, dass er mich so von einem Hellseher zum anderen erkennen würde. Sein Blick verklärte sich und er begann zu sprechen. Die Botschaft für mich enthielt weder Tote noch Sünden. Was nicht heißt, dass da nichts war, aber was er mir mitteilen wollte, war wohl vorrangiger. Er sagte mir, dass ich unglaublich sensitiv und empathisch sei und über enorme Fähigkeiten verfüge, weil auch ich ein Medium sei.

Ich blickte peinlich berührt auf meine Schuhspitzen.

Sein nächster Satz brannte sich so ein, dass ich mich genau an seine Worte, an seinen Blick und an die Stimmung erinnere.

»You'll become a great healer.«

Das war es.

Ich wusste um meine Fähigkeiten, auch wenn ich noch nicht alle wiedergefunden hatte und die, die mir schon zur Verfügung standen, schwer kontrollieren konnte.

Was mich auf meinem weiteren Weg erwarten würde, musste mir wohl mitgeteilt werden.

Eine Heilerin, was für eine Heilerin?

Es erschien mir total abgedreht, und ich hatte diesbezüglich keinerlei Ambitionen.

In Hamburg ahnte ich nicht, wie dehnbar das Wort »Heiler« ist, und dass es das Heilwerden der Seele impliziert.

Dazu kam mein Misstrauen, man würde mich in eine gefährliche Bahn lenken.

Im Anschluss wurde ein dreitägiges Heilseminar angeboten, in dem man eine Einführung in die Kunst der Geistheilung bekam.

Mein Verdacht, er würde darauf abzielen, seine letzten freien Plätze zu füllen, bestätigte sich nicht. Sonst hätte er diese Worte so oder so ähnlich noch zu ein paar anderen Menschen gesagt. Der Hörsaal war schließlich gefüllt mit potentiellen Teilnehmern.

Ich ließ die Vorkommnisse des Tages auf sich beruhen und kümmerte mich nicht weiter darum.

UNSER ALLER OPA WALTER

Ich erinnere mich nicht mehr genau, warum ich diese Frau anrief. Bekommen hatte ich ihre Telefonnummer von einem Bekannten, der sich in der Vergangenheit von ihr medial beraten ließ.

Mein ausschlaggebender Grund war sicher Liebeskummer; der zwang mich regelmäßig in die Knie.

Ich atmete flach, als mein Handy klingelte und ich ihre Stimme hörte.

Nie zuvor bat ich einen fremden Menschen in einer solchen Angelegenheit um Hilfe.

Meine Aufregung war unbegründet: Das Gespräch verlief ohne Höhen und Tiefen, bis ich das Thema auf meinen Opa brachte.

Noch bevor ich ins Detail gehen konnte, brach ich so in Tränen aus, dass ich kein einziges Wort mehr sprechen konnte.

Das Medium beruhigte mich.

»Du konntest nichts für ihn tun. Er musste gehen. Und er hätte es nicht gekonnt, wenn du anwesend gewesen wärst.«

Das verstärkte mein Weinen.

Es gibt Gedanken, die fressen sich ein wie Holzwürmer in morsche Balken.

In seinen letzten Stunden nicht bei ihm gewesen zu sein, belastete mich monatelang. Ich fragte mich ständig, warum alle an seinem Sterbebett saßen. Alle außer mir.

Heute bin ich damit im Frieden und kann akzeptieren, warum er ohne mein Beisein gehen wollte.

Im Auftrag meines Opas teilte mir das Medium etwas mit, was mein künftiges Leben für immer verändern sollte. Sie sagte mir, dass ich mit ihm gezielt Kontakt aufnehmen könnte, um zu kommunizieren. Gegen neunzehn Uhr wäre er am besten zu erreichen. Sie erklärte mir, wie ich vorzugehen hätte. Mit einem weißen Blatt Papier und einem Stift könnte ich mit ihm reden.

Ich vernahm, was sie sagte, aber verstand nicht, was sie meinte. Doch allein ihre Worte ließen mich hoffen und erhellten meine Stimmung. In mir und um mich herum herrschte eine friedvolle Ruhe.

Ich hatte also am nächsten Tag um neunzehn Uhr ein Date mit meinem Großvater.

Rastlos und hibbelig stürmte ich durch den neuen Tag.

Kurz vor unserem Termin machte ich es mir im Wohnzimmer gemütlich. Ich zündete eine Kerze an, legte weiße

Blätter zurecht und setzte mich mit einem Stift bewaffnet auf mein Sofa. So erschuf ich mir einen Ort, der eines Wiedersehens mit meinem geliebten Opa würdig wäre.

Ich war nicht sicher, was passieren würde, oder was ich machen sollte.

Eines wusste ich aber genau: Ich wollte die Nähe zu meinem Opa, die Geborgenheit fühlen, um meine Einsamkeit zu vergessen.

Eingebettet in Urvertrauen, glaubte ich fest daran, dass es möglich sei.

EINE GESCHICHTE, ZWEI BERICHTE

Aus der Sicht von Nicole

Das Blatt Papier lege ich genau vor mich auf den Tisch und beruhige mich mit dem Gedanken, dass ich schon einen Weg zu Opa finden werde.

Der Countdown läuft und meine Nervosität steigt, bis ich sie mehr spüre als meine Vorfreude.

Ich blende alles um mich herum aus und konzentriere mich ausschließlich auf Opa.

Pünktlich um neunzehn Uhr schließe ich die Augen und beginne laut zu sprechen.

»Ich wünsche mir meinen Opa her und brauche eure Hilfe bei dem, was ich jetzt vorhabe.«

Warum ich es laut sage?

Wahrscheinlich möchte ich auf Nummer sicher gehen.

Weder weiß ich, wer mich hören kann, noch von wem ich Hilfe erhalten könnte.

Ich betone, dass ich nur den Kontakt zu meinem Opa Walter möchte und alles andere unterbunden werden soll. Dafür wende ich mich hoffnungsvoll nach oben.

»Bitte, bitte, bitte ...«

Ich nehme den Stift und starre erwartungsvoll auf das leere Papier.

Im warmen Kerzenschein beginne ich zu schreiben. Zuerst sind es Substantive, die alle miteinander zu tun haben oder aufeinander aufgebaut sind, wie eine Assoziationskette. Das zeigt mir, wie sehr ich das Schreiben vom Kopf her steuere und es meinem eigenen Denken entspringt.

Ich halte es für den normalen Prozess, um zum Ziel zu gelangen und weiß, dass ich genau so weitermachen muss.

Nachdem ich eine halbe Seite mit Nomen fülle, schreibe ich ein Wort, welches völlig losgelöst von allen bisherigen ist.

Beruhigt lächle ich.

Das ist der richtige Weg!

Weitere Wörter kommen wie aus dem Nichts.

Das Schriftbild verschwimmt vor meinen Augen, ich registriere nicht mehr jedes einzelne Wort. Sie fließen an mir vorbei. Genau genommen fließen sie durch mich auf das Papier. Vorbei an meinem Filter namens Verstand. Ich erreiche einen Zustand, in dem es nur diese Verbindung zwischen Opa und mir zu geben scheint und alles andere in die Unwichtigkeit verschwindet.

Irgendwann erlange ich wieder mein bewusstes Sein und blicke auf mein Blatt. Während des Schreibens sehe ich meinem Stift zu.

Er hinterlässt wieder und wieder dieses eine Wort auf dem Papier.

Ich lese fast stimmlos: »Liebe Liebe Liebe Liebe Liebe Liebe Liebe Liebe Liebe.«

Mir dämmert es und langsam wird klar, dass die Leitung steht und am anderen Ende mein Opa ist.

Was würde Ihnen wohl in solch einem Fall passieren?

Ich breche in Tränen aus.

Er ist mir so nah. Ich bade förmlich in seiner Nähe, in unserer Liebe füreinander.

Ein bedingungsloser Austausch von allem, was existiert, schafft einen einzigartigen Moment der Erkenntnis. Dieses Erlebnis stellt die Weichen für mein weiteres Leben und meine zukünftige Arbeit.

Ich beruhige mich und schreibe weiter. Wieder erreichen mich einzelne Worte, dann Wortgruppen.

Sehnsucht macht sich breit.

Ich beginne erneut zu weinen.

Mein Wunsch, ihn endlich wieder in meinem Leben zu haben, ist mir im Augenblick des Erkennens erfüllt worden.

Doch ich wollte so viel mehr.

Aus der Sicht von Opa Walter

Gut. Ich bin da.

Mit welcher Hingabe sie sich vorbereitet.

Ich bleibe in der Tür stehen. Besuch kommt durch die Tür.

Die Möglichkeit für einen Kontakt ist heute so gut wie nie zuvor.

Sie hat einen Plan!

Bewusst miteinander reden zu können, das wäre mein Alles.

Vielleicht hört sie mich. Vielleicht bekomme ich das hin.

Ich freue mich.

Es wird klappen.

Meine Kleine spricht eine Bitte, ein Gebet. Wie niedlich, sie bittet darum wie ein kleines Kind.

Gut, einfach schreiben, nicht darüber nachdenken.

Das wird gut.

»Ich bin hier. Ich bin hier ...«

Ich muss näher an sie ran, dann fühlt sie mich.

Ich sehe auf das Geschriebene.

Wie kann ich ihr helfen?

Mein »Ich bin hier« ist nicht intensiv genug.

»Ich bin hier. Ich liebe dich.«

Unbeschreiblich, was ich verspüre!

Liebe. Beidseitige Liebe.

Der Kontakt steht!

Was für ein einzigartiges Gefühl.

Ich sehe auf ihr Blatt und lese »Liebe«.

Sie hat mich bemerkt. Ich muss genau so weitermachen.

»Ich liebe dich. Ich liebe dich. Ich liebe dich ...«

Sie kann mich fühlen.

Vielleicht sind es am Anfang zu viele Worte, zu ungenau.

Ich muss mich auf das Wesentliche beschränken. Ein Wort mit dem passenden Gefühl.

»Liebe, Liebe, Liebe, Liebe ...«

Ja, sie schreibt »Liebe«. Sie hat es. Der Kanal ist offen.

Wann bemerkt sie, dass sie immer wieder dieses eine Wort schreibt?

Wird es ihr bewusst, dass das unser erstes Hallo ist?

Wenn sie das versteht, steht ihr und uns alles offen.

Es entscheidet sich gleich.

»Liebe, Liebe, Liebe«, mit dem tiefsten Gefühl, das ich empfinden kann.

Nicole weint.

Oh, mein Gott, sie weiß es!

Ja, lass es zu, du darfst weinen.

Ich bin gerührt und wir beide weinen.

Ach, könnte ich dich in meine Arme nehmen!

Ich möchte meine Kleine trösten, um gemeinsam zu sein. Wir sind verbunden.

Sei nicht verzweifelt, meine Schöne! Wir sind zusammen.

»Es wird alles gut. Ich bin da.«

Oh, sie schreibt weiter.

Es wird nichts Brauchbares mehr geben.

Es ist gut, dass sie dranbleibt, auch wenn sie es jetzt aus einer gewissen Verzweiflung heraus tut.

Was sage ich ihr jetzt noch?

Ich beruhige sie.

»Ich bin hier. Ruhe dich aus. Es war viel. Wir reden später wieder. Alles wird gut. Lege dich hin. Ich bin da. Vertraue mir.«

Nicole wird wehmütig. Sie ist enttäuscht.

Sie weint erneut.

Bitte, Kind, es ist doch mehr, als wir beide zu hoffen gewagt hatten.

»Ich bleib bei dir.«

Die Wochen gingen ins Land, fleißig übten wir das Hellhören und feilten an unserer Technik. Mein Neunzehn-Uhr-Termin war mir zu der Zeit das Wichtigste auf der Welt. Ich zelebrierte unsere Begegnungen wie ein Ritual. Mein Herz hüpfte, wenn ich nur daran dachte, dass ich am Abend wieder meinen Opa treffen würde.

Jeden Tag war ich darauf bedacht, alles korrekt zu machen. Ich sicherte mich rundherum. Ich baute einen Schutz auf und lud alle ein, die mir mit ihrer Liebe helfen wollten. Sie überschlagen sich, wenn es darum geht, den Menschen zu helfen. Eine unterhaltsame Anhäufung von mächtigen Energien.

Opa Walter und ich dehnten unsere Kontakte aus.

Ich bat ihn zu mir und er kam.

Ich bat um Antworten und erhielt sie.

Das war ein gewaltiger Fortschritt, denn ich wurde nicht mehr mit Informationen beworfen, ohne danach gefragt zu haben. Fremde Energiekörper und Wesen tauchten nicht mehr ungebeten auf.

Es erleichterte mein Leben um einiges.

Die Verbindung zu Opa aufzubauen, fiel mir zunehmend leichter, und die im Anschluss zu lesenden Zettel wurden zahlreicher.

Immer öfter vergaß ich die Zeit und fühlte mich wie weggebeamt. Ich begann den Kontakt, als es draußen hell war, und fand mich am Ende im stockdunklen Wohnzimmer wieder.

Die Mitschriften sammelte ich und hatte einen Verbrauch an Kulis wie nie zuvor. Da traf es sich gut, dass meine reiselustige Omi Elsbeth von jedem ihrer Reiseziele einen Kuli als Urlaubsgeschenk mitbrachte.

Meine Omi, ein genauso liebenswürdiger Mensch, voller Wärme und Optimismus.

In der Kombination waren und sind beide zusammen die Großeltern, die sich jedes Kind wünschen würde. Ein perfektes Doppel, nicht als Paar. Sie waren es als Großeltern.

Als ich anfing, mit meinem Opa zu kommunizieren, offenbarte ich mich zuerst meiner Omi. Es fiel mir nicht leicht, ihr davon zu erzählen. Es ging schließlich um ihren verstorbenen Ehemann. Ich fühlte, dass mein Familiengeheimnis bei ihr gut aufgehoben wäre, und so berichtete ich ihr täglich von meinen großväterlichen Lektionen.

Nicht selten wollte ich ihr bei der Verabschiedung Grüße an Opa bestellen, konnte mich aber zurückhalten.

Wie bescheuert, auf einen solchen Gedanken zu kommen.

Von Automatisierung kann man nach zehnjährigem Ableben meines Großvaters sicher nicht sprechen, und um Grüße auszurichten, brauchte ich auch nicht meine Omi.

Mein Bedürfnis danach ergab sich vielleicht aus dem familiären dimensionsübergreifenden Miteinander, da kann man schon mal die Übersicht verlieren.

Taste ich mich an den Gedanken heran, dass sie eines Tages nicht mehr lebt, erfüllt mich unglaubliche Traurigkeit. Und obgleich ich viele Vorteile durch meine medialen Fähigkeiten habe, ist es eben doch nicht dasselbe. An einem Berührungspunkt ist es intensiver als je zuvor, und an anderen Stellen ist kaum noch Berührung vorhanden.

Das Vermissen blitzt auch bei mir dann und wann auf.

Medium hin oder her.

Der Blätterstapel wuchs im Eiltempo.

Neben dem aktiven Channeln las ich wieder und wieder meine bisherigen Aufzeichnungen. Ich studierte die Texte bis ins Kleinste, ich analysierte jedes Detail. Sie waren für mich wie eine Mischung aus einer heiligen Schrift und einer wissenschaftlichen Abhandlung.

Ich bemerkte, dass es oft um die Energie ging, in der die Worte von meinem Opa abgeschickt worden sind. Da bedurfte es keiner weiteren Definitionen oder Auslegungshilfen.

Oft war ich sprachlos von der Schlichtheit der Formulierung, weil sie dem Sinn der Aussage keinen Spielraum bot und daher enorme Kraft ausdrückte. Ich bewunderte die Klarheit der Sprache, so einfach und dennoch so treffend. Oder trafen die Worte durch den zielgerichteten knappen

Fokus, welcher so minimal Dinge und Vorgänge mit oft nur einem Wort zu beschreiben vermochte?

Der Kontakt zu meinem Opa Walter sprach sich in meinem Umfeld herum.

»Kannst du mal Opa Walter fragen?«, hörte ich öfter.

Unser Wirkungskreis wuchs, auch Freundesfreunde baten mich um Antworten. Irgendwie fand ich das süß. Keiner kannte Opa Walter, und doch war er in aller Munde. Auf diesem Wege lernte ich auch Marion kennen, von der ich noch ausführlicher berichten werde.

Als ich eines Abends mal wieder meine Schriften studierend im Bett lag, erinnerte ich mich, dass ich Jahre zuvor Ähnliches probiert hatte. Damals kamen die korrekten Informationen, obwohl ich nicht wusste, was ich da tat. Es war für mich wie eine Spielidee, die mir einfiel und die ich auslebte.

Ich nahm ein Stück Papier und schrieb in die Mitte das Thema. Es ging zum Beispiel um meinen Freund, also kam sein Name in das Zentrum. Alle Worte, die ich empfing, schrieb ich um den Namen herum. Anfangs mehr oder weniger bewusst, schrieben sich die Worte ab einem bestimmten Moment von alleine nieder. Da ich nicht wirklich kapierte, was ich praktizierte, begann ich mit einer bildlichen Auswertung dessen, was ich sah. Das Schriftbild veränderte sich und kam mir fremd vor. Erstaunlich war, dass sich die verschiedenen Schriften ähnelten, wie Handschriften von unterschiedlichen Personen. Außerdem ergaben sich beim Gesamtbild zusammengehörige Felder. Ich malte einen Kreis um jede für mich ersichtliche Gruppe und sortierte die Wörter nach ihren Stämmen. Welche Information sich daraus ergab, gefiel mir gar nicht. Ich verwarf diese, ich nenne es jetzt mal Technik, sofort wieder.

Monate später musste ich leider feststellen, dass ich durch meine Nichttechnik die Wahrheit erfuhr.

VERTRAUEN WÄCHST

Eins ist Fakt: Ohne Opa als Lehrer hätte ich die spirituelle Reise abgebrochen. Ich wäre bei der Suche nach immer neuen Beweisen auf halber Strecke umgekehrt.

Der Weg gestaltete sich so beschwerlich und zehrend, dass ich mir oft wünschte, in ein tiefes Koma zu fallen. Und erst wieder zu erwachen, wenn alles vorbei ist.

Kommt Ihnen das bekannt vor?

Klar, dass man nicht ans Ziel gelangt, wenn man sich weigert, weiterzulaufen. Aber verzweifeltes Hoffen sollte uns zum Verschnaufen erlaubt sein.

In meiner damaligen Situation brauchte ich eine liebevoll führende Hand oder den Originalzustand zurück. Doch wie war der denn? Der war doch auch unerträglich.

Und wünschte ich mir nicht, seit ich denken konnte, meine Gabe kontrollieren zu können? Nichts ersehnte ich mehr, als meine Fähigkeiten an- und abstellen zu können.

Passen Sie auf, wonach Sie sich sehnen und was Sie erflehen!

Ans Ziel werden Sie gebracht, aber die Wege und Gefährten könnten Sie überraschen.

Bekanntlich steht der freie Wille über allem und wird von allen Energien geachtet. Doch ich hatte nicht das Gefühl, dass ich in meiner spirituellen Entwicklung die freie Wahl hatte.

Ich kann nicht sagen, wie oft ich: »Das kann ich mir nicht ausgesucht haben!« aussprach.

Auch das kennen Sie? Fällt Ihnen auf, wie sich der Kreis schließt und welch bezeichnendes Beispiel ich Ihnen für Wunsch und Wirkung liefere?

Im Prinzip fehlte mir ein Fahrplan, was sicherlich mit meiner Herkunft zu tun hatte, da ich ohne eine bestimmte Religion aufwuchs. Ich musste mich selber zu Gott durchkämpfen.

Stets handelte ich aus reinstem Herzen. Ich war der Überzeugung, dass ich vollständig war, und der Meinung, dass Liebe und Respekt die Grundlage für das Zusammenleben seien.

Wenn alle Menschen so leben würden, könnte man auf Regeln verzichten, denn jeder würde zu Gunsten von jedem handeln. Wir hätten keine Probleme auf Erden und niemand müsste gerichtet werden.

Ich verstand den Sinn von Religion nicht.

Doch ich verstehe den Sinn von Glauben.

Ich musste selber zum Glauben finden, und das war mühsam.

Vielleicht war es auch gut so, wie es war, denn deshalb hatte ich die Freiheit, offen für alles zu sein.

Eine Ausnahme gab es: Das Dunkle mied ich.

Leider spürte es mich auf und versuchte, mich nicht nur einmal zu verführen und niederzudrücken.

Ich enttarnte es und wandte mich dem Licht zu.

Meinen Schutz verschaffte mir die Liebe, die mich umgab. Von ihr getragen, akzeptierte ich letztlich, dass die Dunkelheit existiert, weil ich sah, wie sie entstand.

Doch an diesem Punkt war ich längst nicht!

Ich steckte noch in der Glaubenskrise mit meinem Opa. Ich wollte so gern glauben, dass mir mein Herzenswunsch erfüllt worden ist. Dass meine Bitte nach gezieltem Abrufen meiner Fähigkeiten erhört wurde.

Und das Einzige, was mich daran hinderte, war ich. Zweifel kreuzten meinen Weg. Sie wurden von Ängsten geschürt und bremsten mich in meiner eigenen Entwicklung aus.

Welche Verantwortung hätte ich zu tragen, wenn ich alles zweifellos annehmen würde?

Ich war nicht sicher, ob ich ausreichend darauf vorbereitet war.

Ein Teil von mir war jederzeit für alles bereit. Er war mein bester Freund, meine eigene Seele.

Die Seele glaubt nicht nur, dass alles gut ist, sie weiß es die ganze Zeit.

Sie weiß es.

Immer wieder ertappte ich mich bei dem Gedanken, ob ich das Glück, dieses unbegreifliche Geschenk, wirklich verdient hatte.

Ratlosigkeit und Verzweiflung stiegen in mir auf.

Ich brauchte dringend irgendeine Form von Erdung und erhoffte sie mir von meinem Opa.

In einem Meeting mit ihm bat ich mal wieder um Beweise, und dann reichte es ihm.

In seiner unendlichen Geduld und ohne Umschweife präsentierte er mir seine Antwort.

»Beweise, Beweise, Beweise. Und wenn ich dir jetzt wieder einen bringe, erbittest du einen neuen.«

Uff, das saß.

Das traf mitten in mein Schluckzentrum, und langsam, aber sicher rutschte der Kloß nach unten.

Ich fühlte mich miserabel, weil mir bewusst wurde, welchen täglichen Cocktail ich meinem geliebten Opa seit Monaten servierte. Einen »Sei-bei-mir-hilf-mir-liefere-mir-ich-vertrau-dir-trotzdem-nicht-Cocktail«, welcher spätestens an der Stelle auch für mich bitter schmeckte.

Immer wenn mich Opa aus meiner eigenen Schleife riss, war ich reif für eine offensichtliche Lektion. Diese sollte eine der fruchtbarsten werden und setzte ein zartes Pflänzchen namens Vertrauen.

Bis zu dem Tag nahm ich an, ich sei ein Mensch, der vertraut.

Da lag ich sowas von daneben.

Ich vertraute oberflächlich, nur im Zusammenhang mit Beweisen, wie so aussagekräftig über Monate mit meinem

Großvater dokumentiert. Meine Sucht nach Beweisen zeigte eines ganz klar: Es mangelte mir an Vertrauen. Denn glauben heißt vertrauen in Abwesenheit von Beweisen. Erst danach ist man aufnahmefähig für Wissen.

Opa offenbarte mir, dass es ein grundlegendes Thema unserer Familie sei.

Mein Gehirn ratterte.

Auf uns wartete Heilung, wenn ich es bearbeiten würde. Meine zukünftigen Kinder bekämen eine andere Basis des Seins hier auf Erden. Das war für mich Ansporn genug. Ich musste also im Thema Vertrauen von vorn beginnen und bekam von Opa eine Hausaufgabe. Sie entwickelte sich zu einer Art persönlichem Mantra.

Meinen Freunden und Klienten gebe ich dieses Mantra mit auf den Weg, wenn sie ebenfalls ein Thema mit dem Vertrauen haben.

Opa legte mir auf seine unverwechselbare Weise ans Herz, kurze Sätze zu bilden, die mir im Zusammenhang mit Vertrauen einfielen. Ich sollte mich dabei aller erdenklicher Nuancen bedienen. Er meinte damit Hilfsverben in Verbindung mit Emotionen.

So oft es mir in den Sinn käme, sollte ich mir diese Sätze sagen, sie denken oder, besser noch, vor mich hinsingen.

Mit der Vertrauenslektion startete ich am gleichen Abend.

Beim ersten Mal entschied ich, mich vor einen Spiegel zu stellen und mir so tief ich konnte in die Augen zu schauen. Ich hatte das Gefühl, sogar hinter sie zu sehen, bis in mich hinein.

Fest entschlossen holte ich Luft und begann.

»Ich vertraue.«

Zumindest kamen mir diese Worte über die Lippen, wenn auch nur als Rezitation.

Mein Körper reagierte nicht.

Nicht eine klitzekleine Rückmeldung.

Was mir wiederum signalisierte, dass dieser Satz so rein gar nichts mit mir gemeinsam hatte.

Er lag mir fern. Das war eine wegweisende Erkenntnis, und meinem Schock über diese Tatsache folgte sofort Freude über den erleuchtenden Einblick.

Ich musste nur dranbleiben und ackern, um das Ziel zu erreichen.

Von Natur aus bin ich eher minimalistisch; zu erledigende Dinge möchte ich so schnell und so effektiv wie möglich vom Tisch haben. Ein Wesenszug, der mir im bisherigen Leben schon immense Vorteile verschaffte. So blieb ich am Ball, sah mir in die Augen, koppelte mich mit meiner Seele und holte noch tiefer Luft als beim ersten Mal.

»Ich will vertrauen, ich werde vertrauen, ich möchte vertrauen, ich kann vertrauen, ich darf vertrauen, ich gebe Vertrauen, ich liebe Vertrauen, ich bin Vertrauen, ich vertraue, ich traue, ich traue mich, ich traue mir, ich traue euch, trauen - vertrauen.«

Und während ich diese Sätze sagte, wurde es in mir leichter und ruhiger. Jeder einzelne Satz entlastete mich ein Stück mehr. Die Worte wirkten wie ein heilsamer Balsam auf eine Erkrankung meiner Seele. Die dazugehörigen Symptome ignorierte ich bis zu diesem Zeitpunkt mehr oder weniger gekonnt, weshalb die Krankheit unbemerkt blieb.

Mit der Ignoranz ist spätestens Schluss, wenn dich ein geliebter Mensch auf eine Tatsache hinweist.

Danke, Opa.

Jeden Tag führte ich mir die Sätze zu Gemüte. Ich flüsterte sie, ich schrie sie im Auto in die Welt hinaus oder sang sie locker flockig vor mich hin.

Mein zartes Pflänzchen wuchs, und ich düngte es mit meinem Mantra.

Das war Heilung in jeder Hinsicht, weil ich die Veränderung in mir spürte und mein Wachstum fühlen konnte.

ICH KOMME BALD

Das heißgeliebte Wörtchen »bald«. Wir haben unsere eigenen Vorstellungen von dem Zeitrahmen, den ein »bald« umfasst. Die geistige Welt hat die ihren. Die Zeit zu benennen fällt ihnen schwer, auch weil sie ihr nichts abgewinnen können.

Wenn ich um Zeitangaben bat, so wurde mir mit »Es wird hell sein«, »Es ist schon dunkel« oder »Wenn die Blätter fallen« geantwortet.

Als die Bäume in ihrer Blüte standen, hatte ich eine Verabredung zum Frühstück.

Es war ein entspanntes Beieinander bei einer ehemaligen Arbeitskollegin geplant.

Ihre Wohnung bot absolute Wohlfühlatmosphäre. Wie sie mir so von ihren letzten Monaten berichtete, spürte ich jemanden auf meiner linken Seite.

Ich guckte direkt zum Stuhl neben mir und erblickte den Energiekörper eines Mannes.

Leicht irritiert versuchte ich, den Worten meiner Kollegin weiterhin zu folgen. Was mir schwerfiel, denn der Mann mischte sich ständig ein. Sie erzählte und er gab seinen Senf dazu. Leicht überfordert beschloss ich, beiden zuzuhören.

Seine Kommentare waren kritisch, gewürzt mit einem Hauch Ironie. Der Inhalt ließ keinen Zweifel daran, dass sich die beiden gut kennen mussten. Ernsthaft dachte ich darüber nach, ihr mitzuteilen, wer uns da Gesellschaft leistete. Es war ein heikles Thema, und ich wollte ungern mit der Tür ins Haus fallen. Ich tastete mich im Gespräch an spirituelle Themen heran und bekam mit, dass sie solchen Dingen sehr offen gegenüberstand.

Ich war hin- und hergerissen. Schweigen oder reden?

Ich musste mich entscheiden.

Dieser Mann neben mir hörte nicht auf, reinzuquatschen. Die Unordnung unserer Dreierkonstellation strengte mich an, deswegen sagte ich meiner Bekannten, dass ich ihr etwas mitteilen müsse, weil ich die Situation nicht weiter aushalten könne.

»Hier auf dem Stuhl neben mir sitzt ein Mann. Ich schätze, er ist zwischen vierzig und fünfzig. Er hat dunkle lange Locken, trägt einen Anzug und eine rote Krawatte.«

Sie wurde kreidebleich und fragte, ob es ihr kürzlich verstorbener Freund wäre.

Der Mann nickte bereits mit dem Kopf, bevor sie seinen Namen aussprach.

Sein Ableben war nur einige Wochen her, weshalb ich ihn so stark wahrnahm. Ein unangenehmes Gefühl, vergleichbar mit der Fahrt in einer überfüllten U-Bahn. Wo dir jeder so dicht auf der Pelle hängt, dass der nötige Sicherheitsabstand weit unterschritten ist.

Mit mir als Sprachrohr unterhielten sich die beiden angeregt.

In einer ruhigen Sekunde wurde mir bewusst, dass sich noch andere Energien von Menschen in dem vermeintlich leeren Wohnzimmer aufhielten. Diese saßen auf den Sesseln, auf der Couch und liefen auch kreuz und quer durch die Wohnung. Ich hörte ihre Stimmen klar und deutlich, jede einzelne. Das war ein Chaos!

Diese merkwürdige Gruppe bestand aus Personen unterschiedlichen Alters, auffällig im Erscheinungsbild. Jeder für sich ein Original, von der Frisur bis zu den Schuhen. Als wären sie alle einem Museum für Design entlaufen. Die verschiedenen Epochen und Kleidungsstile ergaben ein heiteres Bild. Zudem zeigten sich die Personen in abgewandelten Farbqualitäten. Einige erschienen mit einem Grauschleier und andere wiederum quietschbunt. Ich nahm auch Unterhaltungen der Wesen untereinander wahr, hörte aber nicht genau hin, weil es mich nicht interessierte.

Vergessen Sie bitte nicht, ich befand mich ja immer noch in dem Gespräch mit meiner Arbeitskollegin.

Inmitten dieser Gruppe saß ein Mädchen auf der Couch. Ich erinnere mich heute noch daran, was sie anhatte.

Sie trug ein zart kariertes beigefarbenes Kleid, hatte langes blondes Haar und war das einzige Kind vor Ort.

Meine Bekannte holte unterdessen ein Fotoalbum aus dem Schrank, um sich zu vergewissern, ob unser Gast so aussah. Sie zeigte mir ein Bild.

Und obwohl ich mir sicher war, dass ich genau ihn spürte, sah und hörte, war ich erstaunt. Das war der Mann, das war seine Frisur, das war sein Gesicht, sein Kleidungsstil. Auch der Blick, den er auf diesem Bild aufgesetzt hatte, passte zu seinem Charakter.

Am Nachmittag begab ich mich auf den Heimweg. Mir dröhnte der Kopf.

Heute weiß ich auch, wovon. Es prasselten zu viele Eindrücke auf mich nieder, die schwer zu verarbeiten waren.

An meinem Haus angekommen, sah ich den Energiekörper eines jungen Mannes, den ich vom Vormittagsbrunch kannte, vor meiner Eingangstür stehen.

Ablehnung meldete sich bei mir. Ich wollte nicht gestalkt werden!

Der Mann trug eine Jeans und eine schwarze Lederjacke. Besonders fiel mir bei seinem Look der veraltete Haarschnitt auf. Auch die Form der Jeans war Achtziger.

Ich bemerkte, dass er mit mir unbedingt Kontakt aufnehmen wollte, weil er sich mir ständig in den Weg stellte. Dafür hatte ich keinen Kopf und ging in meine Wohnung.

Dort wartete er schon auf mich.

Na super! Sollte das jetzt etwa so weitergehen?

Das war meine Wohnung, und ein bisschen Privatsphäre hielt ich für angebracht.

Ich versuchte, ihn weiterhin zu ignorieren.

Auf die Idee, ihn einfach wegzuschicken, kam ich noch.

Mein Telefon klingelte und meine Freundin Marion war am Apparat. Ich erzählte ihr von meinem anstrengenden Morgen, was ich gesehen, gehört und erlebt hatte.

Dann teilte ich ihr mit, dass Herrenbesuch bei mir ist und ließ den Mann nicht aus den Augen. Indem ich mich auf bestimmte Dinge konzentrierte, erkannte ich immer deutlicher Details. Ich erblickte einen Ohrring und beschrieb sein Aussehen, da fragte Marion spontan, ob es der »...« wäre.

Er nickte, bevor sie die Frage ausformuliert hatte.

Mit unsicherer Stimme erklärte sie mir, dass sie den Mann aus ihrer Jugend vom Fußballverein kannte. Er starb bei einem Unfall in den achtziger Jahren. Sie erinnerte sich an den Ohrring. Endlich machte sein Outfit Sinn. Sich mir so zu zeigen, in dieser Kleidung, mit diesem Ohrring, war anscheinend sein Mittel, um sich auszuweisen.

Und Opa erschien mir ja auch immer in uns bekannter Kleidung, einem karierten Hemd mit Jogginghose.

Nun unterhielten wir uns zu dritt. Wir Frauen am Telefon und der Typ sich mit mir. Das eröffnete uns völlig neue Ansichten über Kommunikationswege.

Während unser Gespräch privater wurde, bat ich den Mann, uns alleine zu lassen. Einige Informationen wollten wir nicht mit ihm teilen.

Er verschwand.

Darauf hätte ich auch eher kommen können.

Wenig später tauchte die Energie des blonden Mädchens vom Vormittag bei mir auf.

Meine Wohnung hatte sich zu einer Sammelstelle bedürftiger Seelen entwickelt.

Die Kleine saß auf meiner Couch.

Im Gegensatz zu dem Mann in der Lederjacke hatte ich das Gefühl, dass sie nichts Spezielles von mir erwartete.

Ideenlos besprach ich mich mit Marion. Sie riet mir, nachzufragen, was die Kleine von mir wolle. Das Mädchen begann verlegen, mit den Beinen zu pendeln und schüttelte den Kopf. Ich beobachtete sie genau. Bisher wollten alle energetischen Besucher immer irgendetwas von mir. Sie nicht? Es war sicher kein Zufall, dass sie auf meiner Couch saß.

Ihre Blicke wanderten durch mein Wohnzimmer.

Sie ließ mich telefonieren, was den Eindruck hinterließ, es handele sich um ein braves und genügsames Kind.

Mein Opa tauchte auf und setzte sich neben sie.

Da saßen nun also mein verstorbener Großvater und ein goldiges Mädchen in meinem Wohnzimmer im dritten Stock. Opa gab mir Sicherheit, und unbeirrt telefonierte ich weiter.

Ich hatte meiner Freundin viel zu erzählen; die Erlebnisse lieferten genügend Stoff.

Meine Besucher beschäftigten sich miteinander und hatten ihren Plausch.

Mich ließ der Gedanke nicht los, dass das Mädchen dennoch etwas von mir wollte. Immer wieder dachte ich darüber nach.

Plötzlich hörte ich ihr Lachen.

Huch!

Es war ein herzliches und lebhaftes Lachen, das direkt jeden ansteckte.

Sie blödelte mit meinem Opa herum. Eine Episode, die mir vertraut war. Binnen Sekunden wurde mir bewusst, dass ich diese Situation aus meiner eigenen Kindheit kannte. Unzählige Male hatte ich das erlebt. Bevor ich den Gedanken beenden konnte, schwebte das Mädchen direkt vor mein Gesicht.

»Mama, ich komm bald«, flüsterte sie mir zu.

Sofort brach ich in Tränen aus und ließ den Hörer fallen.

Mein Weinen erstreckte sich über eine kleine Ewigkeit. Es glich verzweifelten Schreien, lautstark, wie bei einem Kind. Unfähig, auch nur ein Wort über meine Lippen zu bringen, zerriss mir ihre Aussage das Herz.

Es dauerte, bis ich mich wieder beruhigte. Ausgelaugt von den Ereignissen des Tages bekam ich mich wieder unter Kontrolle. Schadenbegrenzung war angesagt.

Ich griff nach dem Hörer und beruhigte Marion, sie konnte nicht wissen, was passiert war. Hilflos verharrte sie am anderen Ende des Telefons. Das muss unangenehm gewesen sein.

Ich erklärte ihr, vor welche Tatsachen mich die Kleine gestellt hatte, und ich merkte, wie auch Marion davon ergriffen war.

Tränen in unseren Augen.

Willkommen in meinem Leben.

Wenn ich im Anschluss jemandem davon erzählte, war der so berührt, dass Liebe in alle Richtungen ausströmte.

Eine Freundin sagte sogar total entflammt, dass es das Schönste sei, was sie jemals gehört habe, und bekam augenblicklich Gänsehaut.

Auch ich empfinde es als ein erfüllendes Geschenk für eine Frau, die noch geraume Zeit auf die Inkarnation ihres Kindes wartet.

Manche Babys brauchen einfach länger für ihren Absprung ins Leben.

Jede Seele hat ihre Zeit.

IM FLUSS BLEIBEN

Ich hatte in meiner Babywartezeit noch einiges zu lernen und konnte mich ohne Ablenkung voll und ganz meiner medialen Entwicklung widmen.

Zu Beginn arbeitete ich wie ein Übersetzer, aber diese Tätigkeit machte mich zunehmend unzufrieden. Je mehr ich mich öffnete, mich damit beschäftigte, umso mehr bemerkte ich, dass unsere Worte auf nichts wirklich passten. Sie waren ein winziges Abbild von dem, was sie darstellen und mitteilen wollten. Zu ungenau in allem, zu ungenau in der Beschreibung und zu ungenau im Übermitteln von Gefühlen.

Das waren Gründe, warum es mich nicht zufriedenstellte, Botschaften von Verstorbenen oder geistigen Wesen zu dolmetschen. Die Worte, die mir zu Verfügung standen, reichten nie aus, um die zu überbringende Botschaft komplett auszufüllen.

Wenn ich gefragt wurde, wie ich das meinte, erklärte ich es gerne anhand des Satzes »Ich sehe eine Blume«.

Daran wäre noch der am leichtesten zu erklärende Begriff die »Blume«.

Ich nehme viel mehr wahr, als diese fünf Buchstaben mit ihrer verknüpften Bedeutung. Schöpfung, Schönheit, Liebe, Duft, Großartigkeit, Leben, Eigenständigkeit und Gemeinschaft, Wärme, Anmut, Demut, Faszination, Freiheit, Farbe, Wachstum und Atmung sind nur eine mickrige Auswahl dessen, was der Blume innewohnt.

All das bekomme ich gesendet, und ich gehe davon aus, dass auch das nur Bruchteile des Ganzen sind. Dabei ist noch die exakte Mischung der Anteile zu berücksichtigen. Ich liebe unsere Sprache und die Mannigfaltigkeit, bestimmte Dinge ausdrücken zu können, und dennoch erlebe ich ständig ihre Begrenztheit.

Nehmen wir die Tätigkeit »sehen« als nächstes.

Ich empfange den Akt als solches, den Genuss, die Inspiration. Über die Augen, über die anderen Sinne und kenne den Unterschied zwischen Sehen und wahrem Erkennen.

Das »Ich« brauche ich an dieser Stelle nicht detaillierter auszuführen.

Ich setze voraus, dass Sie sich Ihrer eigenen Komplexität durchaus bewusst sind.

Und selbst dieses Wörtchen »eine« ist so was von ausbaufähig, wenn wir nur allein an die verschiedenen Dimensionen denken.

Sie merken allmählich, worin mein Dilemma bestand.

Wie sollte ich so exakt arbeiten?

Willkommen in meinem Leben!

Wann immer ich Botschaften als dolmetschender Kanal weitergab, hörten mir die Menschen aufmerksam zu. Sie waren fasziniert, zufrieden, gerührt und dankbar.

Nur ich hatte das Gefühl, dass, auch wenn ich die Mitteilungen in allen mir zufallenden Worten weitergab, nicht alles angekommen war, was die Botschaft enthielt. Ich bemerkte, dass es Teile gab, die ich nicht weiterzugeben vermochte und konnte mir nicht erklären, wo sie verlorengingen. Das hinterließ bei mir mehr und mehr Fragen.

Ich beschäftigte mich intensivst mit dieser Diskrepanz und wie sie entstand.

Obwohl sachlich betrachtet der Kern vermittelt worden war, fühlte ich, dass das Unausgesprochene einen weitaus bedeutenderen Anteil an der Wirksamkeit einnahm.

Der sichtbare Teil ist nur die allgemeine Wahrheit, der unsichtbare ist die Verborgenheit. Erst beide Anteile zusammen geben dir eine Ahnung von der Wirklichkeit. Diese Wirklichkeit wollte ich erfahren und erfahrbar machen.

Ich fragte mich, was wohl wäre, wenn ich es schaffen könnte, eine echte Brücke zwischen Sender und Empfänger zu bauen. So hätte ich die Möglichkeit, an der Kommunikation wahrhaftig teilzunehmen.

Bei dieser Überlegung fiel mir auf, dass es auch Qualitätsunterschiede bei den Gesprächen zwischen Opa und mir gab. Mein Opa begann, sich irgendwann vorsichtig bei mir einzuschleichen. Das meine ich im positivsten Sinne.

Weshalb ich auch mit der Zeit auf den Stift, oder, wie er ihn bezeichnete, »meine Krücke«, verzichten konnte.

Sollte das schon eine Fortbildung gewesen sein, bei der ich unbemerkt eine weitere Technik erlernte?

Ich überprüfte die beiden Varianten mit Opa Walter, und siehe da: Es war wie vermutet.

Mir und ihm war es möglich, am selben Ort zu sein, und zwar in meinem Körper.

Ich brauchte diesen Vorgang für andere Seelen nur nachzuahmen und darum zu bitten, dass der Kontakt auf die gleiche Weise stattfinden sollte.

Es fiel mir leichter als vermutet. Ich lud die gewünschten Energien ein, in mich einzutreten und sich mit mir zu verbinden.

Einer herzlichen und ehrlich gemeinten Einladung folgen Seelen liebend gern.

Anfangs überließ ich ihnen meinen Körper komplett, was es mir unmöglich machte, bei Konflikten zu intervenieren, nicht Verstandenes zu erklären oder Gefühltes zu vermitteln. Weil nur das aus mir rauskam, was auch hinsichtlich emotionaler Begrenzungen der entsprechenden Seelen mitgeteilt werden konnte, nahm ich davon wieder Abstand.

Es ist für mich nach wie vor erstaunlich, dass Menschen ein »Ich liebe dich« nicht über die Lippen bringen, obwohl sie eindeutig Liebe empfinden. In solchen Situationen sind behutsames Herantasten und Zusammenführen nötig. Durch empathisches Miteinander-Reden und Aufeinander-

Eingehen überwindet man Blockaden und scheinbare Grenzen. Ich bin hierbei die mediale Brücke.

Warum ich den intensiven Weg der totalen Verschmelzung gehe, erfasse ich auch zum jetzigen Zeitpunkt noch nicht in seinem ganzen Ausmaß. Diese Methode ist anstrengend und kostet manchmal enorme Kraft, weil ich mich und die gechannelte Energie permanent angleichen muss. Es bedarf dabei stärkerer Aufmerksamkeit und eines bewussteren Schutzinstinktes. Dennoch erscheint mir dieser Weg der für mich richtige und einzig wahre zu sein. Jeder findet seinen Weg, und auf frische Methoden bekam ich erfrischende Resonanz.

Wenn ich in mich gehe, um zu ergründen, warum ich tue, was ich tue und wie ich es tue, komme ich immer nur zu ein und demselben Ergebnis.

Ich tue es, weil ich es liebe, Menschen in ihrer Seele zu berühren.

Mensch, bin ich einfach gestrickt.

Meine Arbeit in den Sitzungen verlagerte sich zunehmend auf Jenseitskontakte.

Mir fiel es auf, ich nahm es an.

Durch viele Klientengespräche fand ich heraus, dass sie die Anwesenheit des Verstorbenen sofort wahrnahmen, nachdem ich ihn in mich nahm. Sie beschrieben es damit, dass sie Gefühle bemerkten, die sie zu den geliebten Menschen hatten. Die Anwesenden nahmen mich nicht mehr als Nicole wahr, sondern als den Menschen, den wir eingeladen hatten.

Zudem kamen bei meinen Klienten unterschiedlichste Empfindungen an die Oberfläche, auch Emotionen, die oft schon in Vergessenheit geraten waren. Diese tauchten urplötzlich auf, wenn meine Energie mit der der Verstorbenen verschmolz. Nicht etwa vorher, obwohl die toten Angehörigen schon die ganze Zeit anwesend waren. Nein, erst beim Einzug fanden diese heftigen Reaktionen statt. Viele unter ihnen begannen genau in diesem Moment zu weinen.

Nun könnte man hinter den Tränen Traurigkeit vermuten, aber es waren keine Tränen der Trauer. Es waren Tränen des Wiedersehens, Tränen der Freude, der Befreiung und der Erleichterung.

Der Körper weinte und die Seele feierte.

Einige versuchten, ihren Gefühlen anfangs nicht nachzugeben. Lange konnten sie diese Abwehr allerdings nicht halten. Echte Emotionen holen früher oder später jeden Menschen ab.

Je bewusster und sensitiver meine Klienten waren, umso besser konnten sie die Geschehnisse wahrnehmen, einordnen, benennen und bearbeiten. Die Wunden durften verheilen, und Frieden breitete sich aus.

Ich erinnere mich an eine Sitzung, in der mich eine Klientin mit zu sich nach Hause nehmen wollte.

Sie erkannte in mir eindeutig ihre verstorbene Tochter.

In solchen Situationen bei mir zu bleiben und nicht vom Mitgefühl ins Mitleid abzudriften, war zu Beginn schwierig. Fremde Menschen weinten, und ich wollte sie trösten. Eine normale Reaktion, aber ich wusste, wie wirkungsvoll es ist, mit Hilfe der Tränen loszulassen. Ich war gefordert, meine innerliche Zerrissenheit anzunehmen und ihnen das Gefühl zu geben, dass auch Weinen sein darf und völlig in Ordnung ist. Ein Innehalten bei schwer auszuhaltender Spannung setzt einiges an Wissen um die eigenen Grenzen voraus.

Bevor ich den Weg mit Opa beschritt, zählte ich zu den leidenschaftlichen Tröstern. Heute lasse ich der Trauer ihre Daseinsberechtigung und versuche sie nicht wegzureden.

Gefühle sind nicht wegsprechbar.

VOM LICHT UND SCHATTEN

Es ist erstaunlich, über welche Erkenntnisse man per Zufall stolpert. Da ereignen sich Dinge, die man sich nicht im Entferntesten hätte vorstellen können.

An einem heißen Sommerwochenende besuchte ich meine Freundin Marion.

Außer den Dingen, die Freundinnen so tun, behandelten wir energetisch gegenseitig unsere Themen. Wir experimentierten mit Energien; anders kann ich das mit meiner heutigen Erfahrung nicht benennen.

Gegen die Mittagszeit bot ich ihr an, ihre vor vielen Jahren verstorbene Oma zu uns zu holen. Allein der Gedanke daran, ihre Omi jetzt hier im Garten zu treffen, berührte ihre Seele. Warum ich erst an diesem Wochenende auf die Idee kam, die Omi einzuladen, entzieht sich meiner Erinnerung.

Der wolkenfreie Himmel, das Vogelgezwitscher und das

satte Grün der Bäume boten einen wundervollen Rahmen für ein Familientreffen.

Meinen Platz nahm ich in der Mitte der Wiese ein und entspannte mich. Ich ließ das zu, was ich dutzende Male zuvor auch zuließ. Mein Körper begann, sich zu verändern. Meine Haltung, meine Knochen und Muskeln, die ich sonst nicht wahrnahm, bemerkte ich im Einzelnen. Mein Skelett verschob sich, meine Haltung änderte sich komplett.

Damit nicht genug; ich fühlte mich fremd, weil sich meine Emotionen transformierten. Dessen war ich mir vorher nie bewusst. Eine spannende Entdeckung: Mein Gemütszustand wurde ein völlig neuer. Ich kam mir vor wie ein anderer Mensch zu Gast im eigenen Körper. Es war ein Drahtseilakt, die fremde Energie anzunehmen, und wachsam genau von der eigenen zu unterscheiden.

Nachdem sich mein Körper auf Omis Energie eingestimmt hatte, fingen meine Füße an zu zucken. Ich verspürte den Drang, sie zu heben und zu senken. Ließ mich davon leiten und gab ihnen nach, gespannt darauf, was folgen würde.

Vorsichtig tastete sich mein Körper an die von Oma gewünschte Bewegung heran. Ich wurde bewegt. Was für ein nicht einzuordnendes Erlebnis!

Meine Beine traten zunehmend konsequenter auf und ab, fingen leicht an zu marschieren.

Ein Lächeln überzog mein Gesicht. Ja, ich musste lächeln, denn ich war ja auch noch da. Mein Wiesenmarsch muss witzig ausgesehen haben, denn ich vernahm ein leises Kichern von Marion. Es war für uns beide schwierig, ernst zu bleiben. Für mich, weil ich bemerkte, wie stockig ich mich bewegte, und das als ausgebildete Musicaldarstellerin. Und Marion durfte mir bei dieser Peinlichkeit auch noch zusehen.

Ich gab dem nach, was vom Gefühl her zu mir kam, und unterdrückte nichts.

Das Marschieren wurde intensiver und eindeutiger. Omi erlangte Selbstbewusstsein.

Meine Arme fingen an, mitzuschwingen.

Ich ließ alles geschehen, als ausführendes Organ einer für mich komischen, ganzkörperlichen Aktion. Es fühlte sich für mich stimmig an.

Unausweichlich kicherten Marion und ich uns hin zu einem herzhaften Lachen.

Zu dem Zeitpunkt marschierte mein Körper schon minutenlang, und ich merkte, dass es anstrengend wurde. Ich stampfte kraftvoller in das Gras und drehte mich nun auch noch im Kreis. Erst rechtsherum, dann linksherum. Ich trug eine Freude in mir, die nicht meiner eigenen entsprach, und dennoch war sie zu diesem Zeitpunkt ein Teil von mir.

Plötzlich bewegten sich meine Arme über den Kopf.

Ich fing an, mir Gedanken zu machen, was mir das jetzt signalisieren sollte.

Was lag der Oma auf dem Herzen? Was wollte sie uns mitteilen?

Munter marschierte ich weiter und wartete auf einen Hinweis.

Vorsichtig klopfte eine Ahnung an, besser gesagt, Oma hatte eine Idee.

Noch wusste ich nicht, welche.

Meine Armbewegung änderte sich, beide Arme machten parallel das Gleiche. Sie beschrieben vor mir einen Kreis und am Ende schnellten meine Zeigefinger heraus. Sie deuteten schräg nach rechts. Ich machte immer wieder dasselbe.

In der Zwischenzeit stoppten meine Beine ihren Marsch, und gefestigt im Stand wiederholten meine Arme eine Kreisbewegung nach der anderen.

Ratlos guckte ich Marion an und fragte, ob sie wisse, was das bedeuten könnte. In der Hoffnung, es wäre etwas aus der gemeinsamen Oma-Enkel-Vergangenheit.

Ihr fiel nichts ein.

Also beschrieb ich weiter diese Runden.

Ich dachte mir: Nicole, zieh das jetzt durch, bis du entweder weißt, was gemeint ist, oder bis Oma einen Gedankenblitz hat, um dir die Lösung zu zeigen.

In mir breitete sich das Gefühl aus, in die Richtung gehen zu müssen, auf die meine Finger zeigten.

Was sollte schon passieren?

Ich bewegte mich nach vorne. Diesmal lief wirklich ich, ich schaltete die Fremdbestimmung aus und übernahm diese Tätigkeit. Das war unproblematischer, weil ich wusste, wie mein Körper funktioniert, wenn ich gehe. Nach ein paar Metern blieb ich stehen, an dem Ort, auf den ich zuvor zeigte. Ich spürte den kühlenden Schatten auf meiner Haut, den ein prächtiger Baum spendete.

Augenblicklich entspannte ich mich. Zufriedenheit stellte sich ein.

Oma war zufrieden mit ihrem Schattenplätzchen.

Mein Gehirn fing an zu rattern.

Was durfte ich da erfahren? Konnte das sein? Ich stand in der prallen Sonne und ging in den Schatten eines Baumes, weil das die Oma so wollte?

Wenig später besuchte uns Marions Mama, und wir erzählten ihr von unserer Familienzusammenkunft. Sie schmunzelte und bestätigte unsere Erfahrung durch Hintergrundinformationen, die Marion längst vergessen hatte.

Zu Lebzeiten mied ihre Oma die Sonne und suchte immer den Schatten auf. Außerdem liebte sie es zu tanzen. Sie war lebenslustig und trug ihre Leidenschaft mit in den Tod.

So nennen wir das einfach und pragmatisch.

Tod und Schluss und gut.

Dass es da wesentlich mehr gibt, spüren viele.

An diesem Wochenende bestätigte sich ein weiteres Mal, dass mein Körper von den Toten genutzt werden kann. Was mir neu war, dass die Oma in mir und durch mich Sonne und Schatten über meine Haut spüren konnte. Kein Wunder, da ich das erste Mal im Freien arbeitete.

Am Nachmittag planten wir, die Oma erneut zu holen, wir hatten da ein paar Fragen.

Das ist auch so eine Sache: Aus erhaltenen Antworten ergeben sich automatisch weitere Fragen. Und es erscheint mir, als würden die Fragen exponentiell wachsen.

Mittlerweile waren Marion und ich im Bikini, und ich stellte mich in den Schatten, den das Haus auf die Wiese warf.

Ich versuchte, rücksichtsvoll zu sein und so gut es ging, auf die Omi einzugehen.

Es fällt mir leichter, Energien in mich zu holen, mit denen ich schon Kontakt hatte. Wir gleichen uns aus der Erinnerung heraus an. Der Kanal steht, als hätte sich beim ersten Mal eine Art eigene Warteschleife aufgebaut. Beim zweiten Mal ging der Einzug der Omi also viel schneller, und alles war identisch zum Vormittag.

Doch auf einmal drehte sich mein Kopf zögerlich zur linken Seite.

Ich war komplett verunsichert und dachte, dass mir da ein Fehler unterlaufen wäre. Also begann ich nochmals und beschloss, mich nicht auf die Warteschleife zu verlassen. Um ganz exakt zu arbeiten, verzögerte ich das Angleichen unserer Energien so lange wie möglich.

Ich kam an, sie kam an, wir kamen an.

Mein Kopf bewegte sich erneut auf die linke Seite.

Das konnte kein Zufall sein!

Marion, die auf einer der beiden Sonnenliegen Platz genommen hatte, sah mich irritiert an.

Was sollte das bedeuten?

Ich startete ein drittes Mal.

Was soll ich sagen, mein Kopf drehte sich wieder zur linken Seite.

Wir waren ratlos und erörterten die Sachlage. Weit kamen wir nicht.

Ein zögerliches: »Hallo« in Form einer männlichen Stimme unterbrach unsere Fachsimpelei.

Ich meine damit ein echtes »Hallo« von einem lebenden Menschen.

Sie merken schon, in welche Erklärungsnöte mich meine Gabe hineinmanövriert.

Willkommen in meinem Leben.

Am vorderen Gartentor stand ein südländisch aussehender Mann.

Raten Sie bitte, auf welcher Seite, von mir ausgesehen!

Das Tor befand sich auf der linken Seite.

Mir erschien die Situation unwirklich.

Marion ging zum Tor, verständigte sich kurz mit ihm und schickte den fremden Mann weg.

Das Ganze machte uns Angst, und es bedurfte an dieser Stelle keines einzigen Wortes der Klärung. Wir warfen uns lediglich einen Blick zu, der verriet, dass wir diese Lektion verstanden hatten. Oma war uns voraus.

Die Störung ließen wir links liegen, und ich öffnete mich wieder für die Oma. Erneut kam sie in mich, und nun drehte sich mein Kopf zur rechten Seite.

Stille.

Gänsehaut.

In Anbetracht dessen, was da im Vorfeld passierte, war das mehr als gruselig.

Ich riss meine Augen auf, sah nach rechts, und kopfschüttelnd flüsterten wir im Duett.

»Nein, ach nein!«

Unsere Vermutung, dass der Mann nun versuchte, von der anderen Hausseite das Grundstück zu betreten, sprachen wir nicht aus. Alles wies darauf hin, doch wir wollten uns dieses wahnwitzige Szenario nicht vorstellen.

Bevor wir alle Eventualitäten durchgedacht hatten, schlurfte der fremde Mann tatsächlich um die rechte Hausecke. Die Situation wurde zunehmend bizarrer.

In seiner Heimatsprache wandte er sich direkt an mich, deutsche Worte mischte er unter. Die Worte, die nötig waren, um sein Hauptanliegen verstehen zu können.

Ich verspürte den Drang, mir ein Handtuch zu schnappen, um mich zu bedecken. Halbnackt im Garten mit einem fremden Mann zu sein, war unangenehm. Und die Oma war ja auch noch irgendwo. Vielleicht fand ja sie, dass ich mich hätte bekleiden müssen. Jeder wünscht sich, wonach er sich sehnt: Oma wollte ein Handtuch, und der junge Mann wollte Geld.

Er zeigte uns Bilder von seinen drei Kindern, von denen eines eine kostspielige Operation brauchte.

Zuerst empfing ich, dass das alles nicht stimmte, und aus dem Kontext heraus antwortete ich ihm. Das ging wie von selbst, die Worte purzelten nur so aus mir raus, ohne dass mir klar war, was da über meine Lippen kommen würde. Ich verstand erst, was ich von mir gab, nachdem ich mich selber reden hörte.

Er versuchte, mir in einer englischen Variation seiner Muttersprache zu erklären, dass er mich nicht versteht.

In der Gewissheit, dass er des Deutschen mächtig ist, verließen folgende Worte meinen Mund.

»Das, was du uns erzählst, ist nicht die Wahrheit. Deinem Kind geht es gut. Und du hattest eine Operation.«

Was kam da nur aus mir heraus?

Innerlich aufgewühlt, wirkte ich äußerlich gelassen und geerdet. Ich war mir sicher, dass ich die Wahrheit aussprach.

Der Mann guckte beschämt nach unten.

Er hob sein T-Shirt. Zum Vorschein kam eine frische Narbe am Bauch.

Ich schluckte meine Unsicherheit runter, und übrig blieb ein Getragensein in dieser befremdlichen Situation.

Er begann sich zu erklären, und zwar im reinsten Hochdeutsch.

Da gab eine Überraschung der nächsten die Klinke in die Hand.

Unfassbar, was ich ihn dann fragte.

»Glaubst du an Gott?«

Es war deswegen so unfassbar, weil ich bei allem, was ich tat, bis zu diesem Zeitpunkt auf das Wort Gott verzichtete.

Dafür gab es zwei Gründe.

Zum einen war Gott für mich kirchlich besetzt, und im Namen Gottes wurden grausame Dinge getan. Davon wollte ich ihn abgrenzen. Zum anderen sagen vier Buchstaben nicht annähernd das aus, wie ich ihn durch meine Erfahrungen begreife.

Auf meine Frage nickte der Mann andächtig.

Ich fand mich in einem Reaktionsstrom wieder, den ich

spätestens an diesem Punkt nicht mehr beeinflussen konnte.

Wie selbstverständlich gab ich weiter: »Ich sehe dein Leid, ich verstehe dich.«

Liebevoll neigte ich meinen Kopf.

»Aber wie du es tust, ist es kein guter Weg.«

Emotional schaltete ich, Nicole, mich wieder dazu und versuchte, ihn zu belehren.

»Und glaube mir, Gott würde das auch nicht wollen.«

Was sagte ich da nur?

Ich hörte mich selber die Worte sagen, sie kamen aus mir, aber es waren nicht meine eigenen. So etwas hätte ich nie von mir gegeben. Weder hätte ich Gott beim Namen genannt, noch hätte ich unterstellt, was er wollte oder was nicht.

Der Mann sah mich an, als hätte er einen leibhaftigen Geist gesehen.

Er senkte den Kopf und dankte mir.

Was wiederum mich überraschte!

Nickend verließ er das Grundstück.

Marion und ich starrten uns an.

Mein Körper schüttelte sich, und ich streifte mit meinen Händen an mir entlang, um mich zu reinigen.

An diesem Tag beschloss ich, alle Neuankömmlinge drei Mal hintereinander in mich zu holen. Das brachte mir Sicherheit, dass die Person einzieht, die ich eingeladen hatte. Diese Vorgehensweise behielt ich für mehrere Jahre bei. Bis ich darauf vertraute, dass die Energie meiner Einladung folgt, an die ich sie sende.

DAS SCHOKOLADEN-EXPERIMENT

Wie konnte ich die von mir aufgestellte These widerlegen oder bestätigen?

Ich analysierte nochmals die Situation auf der Wiese, in dem leisen Verdacht, dass meine eigene Haut etwas damit zu tun hatte.

War es möglich, dass die Oma die Umwelt über meine Haut wahrnahm?

Ich wollte es wissen und war der Meinung, dass ich dies leicht überprüfen könnte.

Man nehme eine Dusche und eine menschliche Energie, bringe beides zusammen und warte darauf, was passiert.

In den vergangenen Jahren erlebte meine Tochter spaßbringendes Entertainment mit meinem Körper. Unter dem Motto »Eine Hand wäscht die andere« bat ich sie erstmals, mir zu helfen. Ich entschuldigte mich, weil ich sie für den Versuch heranzog.

Meinen Opa um Hilfe zu bitten, wäre eine andere Variante gewesen, aber mit Opa gemeinsam zu duschen, stand nicht zur Debatte.

Ich ließ das Wasser in der Dusche laufen und stellte mich neben den Strahl. Es brauchte eine Weile, um eine angenehme Temperatur zu erreichen.

Noch war mein Körper trocken.

Ich holte meine Tochter zu mir und öffnete mich. Als sie in mir war, machte ich einen Schritt direkt unter das Wasser. Im selben Moment überkamen mich ein Schreck und ein heftiges Gefühl von Ekel. Der Ekel war von einer Absonderlichkeit, wie ich sie vorher nicht kannte. Millionen winzige, nasse Gebilde, die in Sekundenschnelle auf meine Haut trafen, erlebte sie zum ersten Mal. Genau das war es für sie, winzig kleine, feuchte Gebilde.

Sie konnte keine Erwartung und keinen Begriff aus einer Erfahrungsschublade holen. Deswegen nahm sie nur die einzelnen Faktoren wahr, nicht aber das Ergebnis.

Sofort brach ich den Versuch ab, indem ich wieder komplett meinen eigenen Körper einnahm.

Ich sah darin eine Bestätigung der von mir aufgestellten These, einfach, kurz und echt. Auch die, die zu uns kommen werden, können durch meinen Körper und durch meine Haut Erfahrungen machen, Sinneserfahrungen. Die Oma mit Sonne und Schatten und meine zukünftige Tochter mit dem Wasser in der Dusche haben gleiche Berührungsflächen.

Sinne?

Davon existieren mehrere.

Wenn der Tastsinn geteilt werden konnte, wie sah es mit den anderen Sinnen aus?

Sie ahnen es.

Ich war fest entschlossen, die gesamte Sinnfrage anzugehen.

Um mich dem Geschmack zu widmen, legte ich mir eine Tafel Schokolade zurecht und setzte mich bequem auf meine Couch. Als ich Opa in mich hineinholte, nahm ich sofort liebevolle Wärme und seine Rührung wahr. Er wusste längst, was passieren würde.

Von der Schoki brach ich ein Stück ab, legte es auf meine Zunge und schloss den Mund.

Blitzartig schossen mir Tränen in die Augen, nicht meine eigenen.

Ich hatte gelernt zu unterscheiden, was zu mir gehörte und was zu anderen.

Opa war ergriffen. Eingenommen von Dankbarkeit und Demut über das, was ihm geschah.

Ich bemerkte, wie intensiv er versuchte, die süße Kost in allen Einzelheiten aufzunehmen und das Angebot komplett anzunehmen. Er war fähig, sich an den Geschmack von Schokolade zu erinnern, an all die Freude, die er damit verband, an das Leben, an den Genuss.

Wir aßen gemeinsam die halbe Tafel, ich übernahm die Zufuhr und er den Akt des Essens.

Keiner von uns verlor einen Ton.

Dieses heimliche Verbundensein zu teilen war Vollkommenheit.

Ein Purismus, der uns vereinte und jedes Wort in die Unnötigkeit zu verdrängen schien.

Von Herzen bedankte er sich für die Mahlzeit.

Gern hätte ich ihm seine geliebte Lakritze angeboten, aber ich war auf diese Verabredung zum Essen nicht vorbereitet.

Ach, hätte ich doch Tage zuvor meinem Drang nachgegeben, Lakritze zu kaufen! Ich tat es nicht.

Obwohl ich mir der Größe des Ereignisses für ihn bewusst bin, ist es nichts im Vergleich zu den Dingen, die ich ihm zu verdanken hatte.

Wenn ich mich an die Episode zurückerinnere, lächelt mein ganzes Ich.

Natürlich wollte ich nach dieser Erkenntnis die Sache komplett verstehen.

Eines war klar: Die Verstorbenen nutzten auch meinen Geschmackssinn.

Ich stellte mir die Frage, wie es mit den Seelen ist, die noch kommen werden.

Meine Tochter stand schon parat und ich legte ihr die Schokolade auf die Zunge.

Behutsam schloss sie den Mund.

Ich merkte sofort, dass sie überhaupt nicht wusste, was ich ihr gab und erst recht nicht, was sie damit anstellen sollte. Es war ihr fremd, etwas völlig Neues.

Zuerst probierte sie, mit der Zunge das Stückchen Schokolade zu ertasten, später zu zerdrücken. Den Geschmack nahm sie nicht wahr, einzig der Beschaffenheit galt ihr Interesse. Sie wurde mit ihrer Zunge mutiger und bemerkte eine Resonanz der Geschmacksnerven. Mit unbeholfenen Kaubewegungen lernte sie diese irdische Köstlichkeit genauer kennen.

Können Sie sich vorstellen, wie wir dabei aussahen?

Als sich das Stück Schokolade aufgelöst hatte, bekam sie ein breites Grinsen und nickte heftig. Es schmeckte und ihre Begeisterung für Nachschub war entfacht.

Nach einer verspeisten Tafel lag ich mit Völlegefühl auf der Couch und musste nicht nur die Nahrung verdauen.

Am nächsten Tag nahm ich mir einen weiteren Sinn vor und untersuchte das Sehen.

Auch damit hatte es etwas Besonderes auf sich.

Wenn die Verstorbenen in meinem Körper waren, begannen sie oft damit, die Umgebung zu erkunden. Sie sahen sich um. Dadurch bewegte ich mich teilweise wie der Scheinwerfer eines Leuchtturmes.

Bemerkenswert, da meine Augen geschlossen waren!

Ich glaubte, dass sie ihre Umwelt sehen können, auch ohne die Hilfe eines menschlichen Körpers. Was auch der Tatsache entspricht, aber es existieren bei beiden Varianten qualitative Unterschiede. Sowohl in der Form, was erblickt wird, als auch, wie es zu bewerkstelligen ist.

War mein Vertrauen groß genug, um ein weiterführendes Experiment zu starten?

Es reichte aus.

Ich schob meine Befürchtung, mit geschlossenen Augen gegen die Wand zu rennen, zur Seite und öffnete sämtliche Türen, um meine Räume freizugeben.

Mit der Bitte, mir zu zeigen, was sie am meisten in der Wohnung liebt, holte ich meine Tochter in meinen Körper.

Sie lief los. Ihr Gang war holprig und staksig. Ab und zu blieb sie stehen und schien einen Gegenstand genauer zu betrachten. Ich hatte keinen Schimmer, welchen.

Auch meine Orientierung verlor ich zügig.

Sie erkundete sämtliche Räume und stieß sich weder an Möbeln, noch berührte sie Türen.

Das war schon verblüffend. Wobei ich auch damit leben könnte, es einem Zufall oder einer glücklichen Fügung zu verdanken, dass ich nirgends aneckte.

Dann blieb sie stehen und der Finger zeigte nach vorn.

Als ich meine Augen öffnete, war es dunkel. Ich hatte die Zeit vergessen und war überrascht, an welchem Punkt in meiner Wohnung ich stand. Ich deutete auf meine zwei Meter hohe himmelblaue Giraffe mit weißen Glitzerwölkchen. Sie war also ihr liebstes Stück.

Hätte ich auch selber drauf kommen können, nachdem sie wiederholt darauf ritt.

Mein Sohnemann blieb als Antwort auf die gleiche Frage vor dem Laptop stehen.

Da lag die Vermutung nahe, dass unsere Vorlieben nicht ein Produkt unseres Umfeldes und unserer Erziehung sind. Viel mehr bringen wir sie in unser Leben mit.

Wir picken uns unsere Eltern heraus und schon kann die Inkarnation beginnen.

Dass die Verstorbenen auch meinen Geruchssinn nutzen, bemerkte ich bewusst, als ich mit Opa Walter ein Käffchen trank. Es war erstaunlich, wie intensiv er den Kaffeeduft einatmen wollte.

Angesichts der Tatsache, mit welcher Hingabe unsere Verstorbenen das Irdische erleben, begreife ich, weshalb Menschen bereit sind, immer wieder in diese Endlosschleife von Inkarnationen einzutauchen.

Der Duft von frischem Kaffee treibt ihnen Tränen der Rührung in die Augen.

Die wärmenden Strahlen der Sonne lassen sie demütig werden, und bei manchen reicht allein das Atmen frischer Luft aus, um tiefe Dankbarkeit zu empfinden.

Ich kann sie verstehen. Das Leben ist schön.

Willkommen in meinem Leben.

Menscheln ist menschlich

Immer wieder ertappte ich mich bei dem Gedanken, ich müsse noch irgendeine Ausbildung absolvieren. Hypnose schwirrte mir im Kopf herum, aber so wirklich wollte ich das doch nicht. Der Gedanke, mich ausbilden zu lassen, gefiel mir. Ich lerne gerne Dinge, und ein Diplom im Schrank wäre meinem Selbstbewusstsein zuträglich gewesen. Mein Bauchgefühl sagte »nein«.

Diesbezüglich drehte ich mich also nur im Kreis und kam zu keinem Ergebnis. In mir war der Drang, Wissen zu erlangen. Aber deshalb eine Ausbildung anzusteuern, fühlte sich nicht stimmig an.

Was gab es da Näherliegendes, als das Thema mit meinem Opa abzuklären. Er war mein engster Berater und half mir in allen Belangen.

Ich sprach ihn darauf an.

Nachdenklich schwieg er vor sich hin.

Stille.

Es schien, als legte er sich seine Antwort genau zurecht.

»Du wirst auf Erden deinen Meister nicht finden.«

Das kam unerwartet.

Und prallte bei mir auf pure Ablehnung.

Es wäre leicht gewesen, mich für ein Seminar anzumelden, in dem mir ein passables Handwerkszeug vermittelt wird. Außerdem würde es mir Kontakt zu Gleichgesinnten bieten.

Aber nein, dachte ich, ich bin allein und keiner kann mir helfen.

Punktlandung im Selbstmitleid. Da kann man sich so schön drin wälzen.

Und als ich mich so suhlte, gingen mir Opas Worte erneut durch den Kopf. Sie wirkten nach. Ja, und wie sie nachwirkten!

Allein zu sein war meine eigene Interpretation seiner Worte.

Die Aussage seines Satzes war neutral. Ein »Nein« auf die Frage, eine Ausbildung zu beginnen. Kein »Nein« dazu, mich weiterzubilden.

In dieser Dimension brauchte ich nach keinem passenden Angebot zu suchen. Damit konnte ich leben, hatte ich bereits Mittel und Wege kennengelernt, an das Wissen zu gelangen, welches für mich essentiell war.

Ein Buch zu lesen, war übrigens auch keiner der Wege, die ich beschreiten wollte. Ich hatte mich in der Vergangenheit klar dagegen entschieden, intuitiv, nehme ich an.

Als für mich das Thema »eigenes Buch« im Raum stand, entschied ich nochmals so. Ich wünschte mir, unbeeinflusst von fremden Werken mein eigenes zu schaffen.

In meiner Kindheit las ich begeistert Märchen. Und im Studium zwangsweise das, was von mir verlangt wurde. Jetzt gab es den Umbruch; ich schrieb selbst, mit dem Ziel, es zu veröffentlichen. Ich wollte es nicht vergleichen oder abhängig von eigens konsumierten Büchern machen.

Für den persönlich gefassten Entschluss wurde ich leider auch angegriffen.

Knapp ein Jahr lang traf sich wöchentlich eine Gruppe, um miteinander energetisch zu arbeiten. Es gab einen festen Kern, und zeitweise besuchten uns Gäste oder riefen in den Behandlungen an.

Ich channelte für die Gruppe, wen oder was sie sich wünschten. Wobei das x-te Channeling von Erzengeln eine ähnliche Grundbotschaft vermittelte wie das erste, das zweite und dritte ...

Ein Pärchen, welches zur Basisgruppe gehörte, versuchte ständig, mich zum Lesen zu bekehren. Mit Phrasen wie »Man muss lesen. Nur durch Lesen erlangst du Wissen. Lesen bildet.« und noch einigen anderen Ratschlägen versuchten sie, mir kontinuierlich eine Notwendigkeit einzureden. Diese prallten entweder an mir ab oder rauschten an mir vorbei.

Vielleicht spielte eine Rolle, dass die beiden mir vorkamen wie wandelnde Bibliotheken, die nur mit losen Buchstaben gefüllt waren. Behauptungen, gefüllt mit Nichts.

Ich lächelte stets darüber hinweg, denn es war mir eigentlich egal.

Eigentlich?

Ja, es war mir einerlei, bis zu diesem einen Treffen.

Wieder versuchten sie, mir dieses Hobby aufzuerlegen, und überraschend stießen sie diesmal auf fruchtbaren Boden. Ich war von ihrer dogmatischen Art so angefressen, dass ich das Belehrende schlecht belächeln konnte.

Sie hatten mich.

Ich menschelte und bemühte mich, trotz allem gelassen zu bleiben.

Wenn man angegriffen wird, hat man im Grunde zwei Möglichkeiten, darauf zu reagieren. Weglaufen oder verteidigen.

Ach, wäre ich bloß weggelaufen!

Aufzustehen und den Raum zu verlassen, wäre ein weiser Entschluss gewesen.

Nein! Ich verspürte den Wunsch, mich verteidigen zu wollen.

Ich brauchte eine geniale Idee, etwas, was mich verteidigt, ohne mich zu rechtfertigen.

Und da war sie.

Wie behandelte ich SMS und Mails, um an die Quintessenz zu kommen, ohne diese zu lesen?

Ich vermutete, dass die Technik auch bei Büchern funktionieren könnte, da der einzige Unterschied das Volumen an Informationen war.

Den Versuch war es wert.

Ich ließ mich auf ihre Spieleinladung ein und erfragte

den Titel des Buches, mit welchem sie sich derzeit beschäftigten.

Beide waren sichtlich erfreut, dass ich mich erweichen ließ.

Allerdings nahm das Gespräch einen anderen Verlauf als von ihnen erwartet.

Ich holte mir die Energie des besagten Buches zu mir und leitete die Informationen in mich.

Ich wusste, wenn mein Vorhaben klappt, würde es beide schockieren. Und sie stünden vor den anderen ziemlich nackt da. Dank ihnen war ich ja längst entblößt.

Mit einigen Worten gab ich die Kerngedanken des Buches wieder.

Alle lauschten in diese knisternde Atmosphäre hinein.

Ich glaube, jeder im Raum hatte dieses Buch gelesen. Jeder außer mir.

Dann bat ich das Pärchen um den Titel eines zweiten Buches.

Kann schon sein, dass ich das nicht mehr brauchte, aber ich war grad in Fahrt. Ich wiederholte das Ganze und arbeitete zusätzlich die gravierendsten Unterschiede der beiden Werke heraus.

Stille.

Der Mann war beeindruckt.

Seine Frau versuchte über ein gekünsteltes Lachen, die Situation zu entschärfen.

Das regte mich umso mehr auf! Mein Thema hatte ich demnach nicht ansatzweise gelöst.

Was auch immer sie für ein Problem mit mir hatten, mein Thema hieß Befreiung.

Ich hatte nur eine Möglichkeit, es zu beenden.

Ich bat darum, dass sie von nun an akzeptieren, dass ich weiterhin darauf verzichten würde, spirituell angehauchte Bücher zu lesen. Alle anderen mir zur Verfügung stehenden Mittel fühlten sich wahrhaftiger an, um mich mit Spiritualität auseinanderzusetzen.

Das war mein ureigener Weg, um Informationen zu erhalten und zu reifen.

Sie dürften es handhaben, wie es für sie stimmig war und sie mögen mich bitte leben lassen, wie ich es zum jetzigen Zeitpunkt entschieden hatte.

Diskussion beendet und Thema erledigt.

Ich muss zugeben, dass es mich von Zeit zu Zeit schon in den Fingern juckte, in einem Buch zu stöbern. Auch, weil es eine Reihe lesenswerter zu geben scheint. Hinzu kam eine latente Unsicherheit, ob meine Schreiberei normgerecht ist.

Und der eine oder andere unter Ihnen sagt jetzt vielleicht: »Hätte sie es doch bloß getan.«

Ein Buch zu schreiben bedeutet auch Ablenkung.

Hätte ich meine Zeit ausschließlich in weitere Experimente und in meine mediale Arbeit investiert, wer weiß, was ich noch alles gelernt hätte. Hätte, hätte, hätte.

Latsche ich mir jetzt selber hinterher?

Nein, denn es ist mein Weg, ich erschließe ihn und suche mir meinen eigenen Pfad.

Darf ich pausieren, um etwas anderes zu üben?

Ich sage: ja.

Und was heißt schon »anderes«?

Wenn mein Buch auch nur einen einzigen Menschen berührt, war es diese Ablenkung wert, gelebt zu werden.

Und vielleicht hilft meine Pause einigen Menschen, ihre Trauer loszulassen, Vertrauen zu installieren, einen Glauben zu entdecken und Wissen wiederzufinden.

Willkommen in meinem Leben.

Wie Jesus mich von meinen Schulden erlöste

Als ich Jesus das erste Mal einlud, kam ich mir vor wie ein Störenfried.

Ich bildete mir ein, dass Jesus aus purer Liebe, Höflichkeit und Hilfsbereitschaft zu mir kommen würde. Doch wollte ich ihm seine Energie nicht stehlen, um all jenen zur Seite stehen zu können, die ihn mehr brauchten als ich.

Was ich anfänglich über das Universum und über das Wirken der geistigen Welt dachte, bringt mich heute zum Schmunzeln.

Ich bat darum, dass er zu mir kommt. Ich bat um Schutz vor falschen Energien, um die Unterstützung von Raphael und um die Hilfe meines Opas. Nicht zu vergessen darum, dass es wirklich Jesus ist, der kommen würde.

Meine Schutzwesen versammelten sich und gaben mir ein Gefühl von Sicherheit.

Was folgte, war phänomenal.

Bei seinem Einzug trat eine Intensität auf, die sich klar von der Verbindung mit anderen Wesen unterschied. Mein Körper fing an zu kribbeln, als würden Milliarden von Spiralen auf mir tanzen. Das Gewusel begann außerhalb von mir und breitete sich aus, bis es direkt auf meiner Haut kitzelte. Schließlich nahm es meinen kompletten Körper ein. Dieses Durcheinander war für mich nur ein paar Minuten auszuhalten.

Alles ist trainierbar, und dadurch ergeben sich zwangsläufig Verbesserungen.

Ich nahm mir vor, von nun an täglich daran zu arbeiten. Mit jedem Versuch konnte ich den Zustand länger halten, und es wurde erträglicher. Wider Erwarten stellte die Verbindung nach einer Woche kein Problem mehr dar. Mehr noch, ich fühlte mich mit ihm pudelwohl.

Ab und zu suchte ich seine Nähe, um von ihm zu lernen, doch nie zuvor aus einem egoistischen Grund.

Es kam die Zeit, in der ich meinen Lebensunterhalt nicht mehr ausschließlich von der Kunst bestreiten konnte. Ich rede hier nicht von Luxus. Ich meine die normalen Dinge wie Miete, Nahrungsmittel und ein neues Paar Schuhe, wenn sich das alte verabschiedete.

Eines Abends war ich so verzweifelt über das dicke Minus auf meinem Konto, dass ich hilfesuchend Jesus zu mir einlud.

Ich legte mich in mein Bett und merkte, wie Jesus' Energie in meinen Körper einzog.

Ich wurde ruhiger und gelöster. Meine Aufregung ließ nach, und ich atmete frei und tief.

Das tat gut nach all der Anspannung.

Als die Verbindung stand, bedankte ich mich, dass er zu mir kam, obwohl ich ihn um Hilfe in einer solchen Angelegenheit bitten wollte. Welche Art der Hilfe ich mir von ihm erhoffte, vermochte ich nicht zu benennen. Es war mir höchstwahrscheinlich egal, Hauptsache Hilfe.

Er begrüßte mich, und es war so still und klar in mir, dass mich eine wohlige Wärme von innen her durchzog.

Wir hatten einen gemeinsamen Ort, an dem wir ungestört sein konnten, weitab von dem Trubel der Welt und den Problemen des Lebens. Dieser Raum existierte in mir, und gleichzeitig existierte ich in ihm. Ich war beides, das Gefäß und der Inhalt.

Mein Gehirn aktivierte sich. Es dachte und quasselte ihn mit meinen Geldproblemen voll.

Jesus hörte zu, bis ich alles abgeladen hatte.

»Nicole, erkläre mir, aus welchem Grund denkst du, du hast ein Problem mit Geld?«

Ich zählte also all den Mangel auf, der mir einfiel und sich bei mir materiell angehäuft hatte. Da kam ich vom Hundertsten ins Tausendste. Während ich mir beim Beschweren Erleichterung verschaffte, übermalte ein sanftes Lächeln sein Gesicht. Mit diesem wohlwollenden Ausdruck besänftigte er mich.

»Du hast Nahrung. Du hast eine Wohnung. Du hast ein Auto. Du hast Kleidung. Du warst im Urlaub.«

Er legte für mich eine Kunstpause ein.

Dann beugte er sich zu mir.

»Sage mir, woran mangelt es dir?«

Allein diese Frage ließ mich bedächtig werden.

Mein Gehirn verstummte.

Wenn Sie jetzt vermuten, seine Frage kam rhetorisch daher, liegen Sie daneben. Dem war nicht so.

Er interessierte sich ehrlich für meine Antwort. Ohne mir von vornherein zu suggerieren, dass diese sowieso falsch wäre oder ich keine Antwort darauf hätte.

Meine Seele hatte an dem Punkt bereits verstanden, worum es ging. Zufriedenheit stellte sich ein.

Doch mein Ego gab sich damit noch längst nicht zufrieden.

Es zog den Minusbetrag meines Kontos aus dem Zylinder wie ein Zauberer das weiße Kaninchen.

»Was ist mit dem dicken Minus auf meinem Konto?«

Das, was er mir darauf antwortete, ist bis heute ein weiser Begleiter.

Ich möchte anmerken, dass er mir alles in einer Mischung aus kräftigen Worten, Gefühlen und Bildern vermittelte. Und versuche, es in unsere Form der Sprache zu übersetzen, was niemals so treffend sein kann wie die Originalbotschaft.

Damit muss man sich irgendwann abfinden, wenn man ein Medium ist.

Jesus begann seine Predigt.

»Nicole, du machst dir Sorgen um Zahlen, die irgendwo stehen.

Sie berühren dein Leben nicht.

Dabei machst du dir keine Sorgen um Zahlen.

Es steht ein Minus vor ihnen.

Es sind nicht Zahlen.

Es sind Nichtzahlen.

Sie existieren nicht nur nicht, sie sind sogar weniger als Nichtexistenz.«

Mir stockte der Atem.

Mein Ego verstummte und wandte sich ab.

Demut hielt Einzug.

Mir liefen Tränen übers Gesicht.

Meine Erleichterung trocknete sie.

Welch Erkenntnis, welch Illusion! Und alle machen mit.

Ich hoffte bei allem Lebensfluss, diesen Zustand halten zu können.

Es war glasklar, was er sagte und wie er es meinte. Er lehrte es mich auf eine wundervolle Art.

Jahre danach kann ich auf die Befreiung zurückschauen und feststellen, dass ich nicht jederzeit in diesem Zustand lebe. Aber ich kann mich jederzeit daran erinnern.

Das war ein Geschenk des Himmels.

Meine Mama und das Handtaschentelefonat

Zu Beginn möchte ich anmerken, dass ich meine Mama über alles liebe und wir eine wunderbare Beziehung zueinander haben. Wohl auch, weil wir uns im Grunde sehr ähnlich sind. »Deckungsgleich«, behauptet unser Umfeld.

Unter allen engen Familienangehörigen haben Mütter sicher das meiste Talent, ihre Kinder auf die entsprechenden Themen zu stupsen. Manchmal ist das sanfte Stupsen eher ein kräftiger Stoß.

Das ist bei uns nicht anders.

Folgende Episode ereignete sich bei einem Nullachtfünfzehn-Telefonat zwischen uns beiden.

Wir redeten über dies und das, über Probleme und über Nichtprobleme, also eher über belanglose Sachen. So unerheblich, dass ich mich an kein einziges Thema genau erinnern kann.

Im Verlauf des Telefonates bekam das Gespräch einen mütterlichen Touch.

Ich bemühte mich, ihn anfangs zu ignorieren, obgleich er mich mehr und mehr wurmte.

Ich rede von diesem Mutterton, der sich unbemerkt einschleicht und begleitend mitschwingt. Bis ein dramatischer Höhepunkt die Kommunikation abschließt, auch wenn im Anschluss weiter geredet wird.

Wir befanden uns noch in Phase eins.

Innerlich fesselte mich das Mutterthema schon so stark, dass ich mich nur noch nebengedanklich auf das Gespräch konzentrieren konnte.

Es entwickelte sich eine seltsame Dynamik und es pochte in meiner Magengegend. Das Unwohlsein klopfte dort penetrant an.

Manchmal prallen Welten aufeinander, auch wenn man sich ähnlich ist.

Das Weltbild ist es zuweilen nicht.

Und plötzlich war der Punkt erreicht, an dem ich dachte: Jetzt ist Schluss mit Rücksicht, jetzt haue ich es raus!

Natürlich wollte ich nicht unüberlegt handeln und wartete den günstigsten Zeitpunkt ab.

Zack, da war er!

Sie erzählte, dass sie mir einen rosa Poncho gestrickt hatte, der top aussehen würde. Sie schwärmte davon.

Da ergriff ich meine Chance. Als ich meine Freude über den Poncho kundtat, erwähnte ich beiläufig, dass er wunderbar zu meiner neuen Handtasche passen würde.

Schweigen unterbrach unseren Dialog.

Die Sekunden der Stille schienen endlos.

Mutti fragte irritiert, von welcher Handtasche ich denn jetzt redete?

Daraufhin antwortete ich ihr, dass ich von der neuen Handtasche reden würde.

Sie schwieg abermals.

Ich fragte mich nun schon wieder, ob es in Ordnung war, sie so hart zu konfrontieren.

Ein Rückzug in mein geheimes Schneckenhaus wäre noch möglich gewesen.

Ich entschied mich, am Ball zu bleiben.

Sie kam mit einem gewaltigen Gedankensprung um die Ecke.

Ich fand ihre Reaktion erstaunlich, wahrscheinlich fühlte sie sich bedrängt.

Flexibel, wie ich bin, ließ ich mich auf das neue Thema ein.

Aus dem Nichts heraus holte sie wieder das Handtaschenthema hervor, indem sie mich fragte, von welcher Handtasche ich denn jetzt genau reden würde.

Der Ball lag wieder auf meiner Seite und ich setzte mit meinem Wurf eine winzige Portion drauf.

»Na, von der Handtasche, die du für mich gekauft hast.«

Totenstille.

Lächelnd wartete ich darauf, was passieren würde.

Sie fragte mich, woher ich von der Handtasche wüsste, und um sich erneut abzusichern, welche Handtasche ich genau meinte.

Unser stockender Satzaustausch wich einem echten Gespräch, und ich erklärte es ihr.

»Die Handtasche, die du mir gekauft hast und die perfekt zu dem Poncho passt.«

»Ja, wie sieht die aus?«, fragte sie erneut.

»Na bunt, mit rosa.«

Sie schwieg wieder.

»Wer hat dir davon erzählt?«

Ich versuchte, ernsthaft zu bleiben und sagte, dass mir niemand davon erzählt hätte.

Sie bohrte weiter.

»Aber woher weißt du von der Handtasche?«

»Mutti, die habe ich in meinen Gedanken gesehen.«

»Ja, und wie sah sie aus?«

Ich gab ihr, was sie erfragte, aber im Grunde nicht hören wollte.

»Ja violett, ein bisschen rosa und weiß gestreift.«

Sie wechselte erneut das Thema.

Gut, wenn du jetzt über was anderes reden möchtest, reden wir über was anderes, dachte ich so bei mir.

Der innerliche Abschluss war längst vollzogen.

Wir redeten noch eine Weile, bis sie ihre Lösung gefunden hatte.

»Von der Handtasche hat dir dein Stiefvater erzählt!«

Das erstaunte mich.

Wie kam sie darauf? Ich telefoniere praktisch nie mit ihm, hab ihn nur am Telefon, wenn er abnimmt und mich im Hörer zu meiner Mutti trägt. Wie sollte ich über eine Handtasche mit ihm gesprochen haben?

»Nein, er hat mir nichts erzählt«, verteidigte ich ihn.

»Na klar.«

»Nein.«

Sie schloss das Thema mit mütterlicher Dominanz ab.

»Doch, davon hat er dir erzählt.«

Wenig später verabschiedeten wir uns und beendeten das Telefonat.

In meinem Kopfkino sah ich sie die Treppen hinunterlaufen.

Enttäuscht konfrontierte sie ihren Mann.

»Warum hast du Nicole das mit der Handtasche verraten?«

Ich sah sein Gesicht und hörte seine Worte.

»Welche Handtasche?«

»Na die, die ich in grün habe.«

»Ich habe ihr gar nichts erzählt.«

Im Nachhinein bin ich mir unsicher, sie überfordert zu haben, aber zu diesem Zeitpunkt war es unaufschiebbar. Und manchmal ist es die richtige Entscheidung, seine Chance zu nutzen. Besonders, wenn sie beiden dient. So bekam meine Mama die Möglichkeit, sich ernsthaft mit Spiritualität auseinanderzusetzen.

Durch einen für mich überraschenden Traum, den ich unlängst hatte, erfuhr ich, dass Mutti für eine Öffnung bereit ist.

Sie stand mir gegenüber.

»Nicole, erkläre mir Gott.«

Ich lächelte als Antwort, weil ich wusste, sie ist auf dem Weg.

»Nicole, sage mir, wie kannst du an ihn glauben?«

Ich ging einen Schritt auf sie zu und umarmte sie.

»Mutti, ich glaube nicht, ich weiß.«

Es war ein wunderbares Erwachen am nächsten Morgen.

Antworten kommen auf unterschiedlichen Wegen

Schwankungen meiner Wahrnehmungen ereilten mich natürlich auch. Je mehr ich mit eigenen Themen konfrontiert war, umso schwieriger wurde die Sache. Für mich war es ein Glück, dass ich nicht nur hörte, sondern auch sah. Dadurch konnte ich auf unterschiedliche Kanäle zurückgreifen.

Unangemeldet brachte mein Opa wiederholt jemanden zu unseren gemeinsamen Treffen mit. Er kam mir nicht bekannt vor und saß geduldig neben ihm. An den regen Verkehr in meiner Wohnung hatte ich mich gewöhnt; deshalb verlor ich wegen seines Kumpels bei Opa Walter auch keinen Ton. Nur wenn sich Dinge wiederholen, hat das System, und man sollte sich mal auf die Suche nach dem Sinn dieser Wiederholung machen.

An dem Tag, an dem ich den zarten Hinweis verstand, sprach ich Opa auf sein Mitbringsel an.

Er strahlte über das ganze Gesicht, als hätte er sehnlichst darauf gewartet.

Opa stellte ihn mir vor.

Es existiert eine Art von Hierarchie, wobei das Wort schlecht gewählt ist. Dieses System hat nichts mit unterstellt und übergeordnet zu tun, sondern mit der Energie, in der da geschwungen wird.

Ich begrüßte unseren Besuch und wollte aus Höflichkeit einen kurzen Smalltalk starten.

Mit seinem typischen Augenbrauenflattern vermittelte mir Opa, dass ich loslegen durfte.

Während ich laut sprach, was ohnehin schon absurd war, baute sich ein Feld zwischen unserem Gast und mir auf. Dieses war am ehesten mit einem Magnetfeld zu vergleichen.

In der unbekannten Situation fühlte ich mich unsicher, aber Opa Walter war an meiner Seite, ihm konnte ich vertrauen.

Das Feld verdichtete sich, und als die Magnetwolke ihr Maximum erreicht hatte, veränderte sich die Materie um mein Ohr.

Mich selber nahm ich als hochkonzentriert wahr.

Es stand eine Direktverbindung zwischen dem Besuch und mir.

Ich hörte deutlich die Stimme dieser Person. Sie war so hell, klar und rein, dass ich vom Klang her nicht zu sagen vermochte, ob es sich um etwas Männliches oder Weibliches handelte.

Ob es unangenehm war, bezweifle ich heute, aber damals brach ich die Verbindung ab. Ich sah die Notwendigkeit dieser Anstrengung nicht ein und gab mich zufrieden mit einer kurzen Berührung und der damit verbundenen Erfahrung.

Brav verabschiedete ich mich und widmete mich meinem geliebten Öpchen.

Er erklärte mir, was passierte, und im Gegensatz zum vorherigen Gespräch fiel es mir so was von leicht, die Kommunikation aufrechtzuerhalten.

Opa gab mir die Information, dass sie nun ab und zu zu zweit kämen.

Ok, gut, der Typ würde öfter dabei sein. Das hörte sich jetzt nicht so schlecht an.

Am nächsten Morgen saß ich mit Müsli und Orangensaft in der Küche, als Opa kam.

Wie immer stand er rücksichtsvoll in der Tür.

Ich begrüßte ihn und hörte: nichts.

Mir stockte der Atem.

Ich sprach ihn an und hörte wieder nichts.

Das war der Zeitpunkt, um nervös zu werden!

Was passierte da mit uns?

Sofort erinnerte ich mich an Horrorszenarien aus grottigen Hollywoodfilmen.

Aber das hier war kein Film, das war mein Leben.

Ich versuchte, mich zu erden und ihn zu verstehen.

Vergeblich.

Ich hörte ihn nicht mehr, und es breitete sich pure Verzweiflung in mir aus.

Sollte mir das Glück schon wieder genommen werden? Warum?

Opa kam zu mir und versuchte, mich zu beruhigen. Was ihm nicht gelang.

Der Gedanke, wenn er ruhig bleibt, dann kann das hier ja nicht so schlimm sein, schoss mir in den Kopf. Ich versuchte zu verstehen, was da gerade geschah.

Opa ging zum Türrahmen und bewegte übertrieben seinen Mund.

Erwartete er wirklich, dass ich aufgrund seiner Mundbewegungen die Mitteilung aufnehmen würde? Lippenlesen gehört nicht zu meinen Talenten.

Wie auch immer ich darauf kam, aber ich schloss meine Augen und bemerkte, dass unsere Verbindung anders als sonst war.

Wissen Sie, wie sich Panik anfühlt?

Ich war in Panik.

Ich wusste keinen Ausweg.

Und fragen konnte ich auch keinen.

Willkommen in meinem Leben!

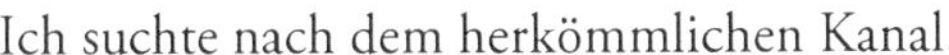

Ich suchte nach dem herkömmlichen Kanal.

Vergeblich.

Die Person vom Vorabend fiel mir ein und ich bat um Hilfe, hatte sie aber seitdem nicht mehr gesehen.

Ich öffnete die Augen, und wir waren immer noch zu zweit.

»Wo seid ihr nur, wenn man euch braucht?«

Bei dieser Anklage ertappte ich mich in der Vergangenheit mehrfach.

Jetzt wurde es noch merkwürdiger.

Plötzlich hörte ich meinen Opa, wenn auch schlecht verständlich, reden. Auch sein Mund bewegte sich. Was bis hierher noch nicht ungewöhnlich klingt. Aber die Bewegung des Mundes passte null zu den gehörten Worten. Und da wird es dann echt gruselig. Mich ereilte eine leichte Form von Abneigung und eine schwere Form von Angst.

Es wurde nicht besser.

Für mein Gehirn war das zu viel Input.

Ich sah, dass mein Opa sein Bestes gab, um unser Verständigungsproblem zu regeln.

Ich für meinen Teil gab auch mein Bestes, aber es reichte nicht aus.

Eine seltsame Traurigkeit überkam mich, gepaart mit Ratlosigkeit.

Schluchzend dachte ich an Marion.

Ich erhoffte mir Hilfe und rief sie an. Wir pflegten eine Art »24-Stunden-rund-um-die-Uhr-Hotline«, die dank Flatrate kostenlos war.

Aufmerksam folgte sie meiner Beschreibung.

Wann immer ich mit einem solchen Problem zu ihr kam, brachte sie mir ein und dieselbe Reaktion entgegen. Mir begreiflich zu machen, dass sie wisse, dass ich das kann und ich es einfach machen soll.

Wirklich helfen tut einem das nicht, aber durch ihre liebevolle Art fängt sie damit jeden auf.

Es heißt ja, dass du niemals tiefer fallen kannst als in Gottes Hände.

Ich glaube, dass auf dem Weg nach unten die Arme von Marion schon so einiges abfangen.

Wir zerredeten die Angelegenheit und kamen auf kein gescheites Ergebnis.

Da wurde unser Telefonat unterbrochen.

Ich hörte sie nicht mehr und rief ständig fragend ihren Namen.

Keine Antwort.

Zweimal an einem Tag das gleiche Problem. Was war das denn!

Aufzulegen wäre wohl die nächstliegende Lösung gewesen, von der mich aber die Hoffnung abhielt, dass ich sie gleich wieder hören würde.

In der Stille lauschte ich in den Hörer.

Eine Weile tat ich nichts anderes, als bewusst reinzuhorchen.

Da war nicht nichts.

Es traf mich wie der Blitz. Doch, da war etwas!

Es hörte sich nämlich genauso an, wie wenn sich zwei Menschen am Telefon anschwiegen.

Der berühmte Aha-Effekt!

Und: Ich hörte Marion wieder.

»Nicole? Hallo? Kannst du mich hören?«

Ich berichtete ihr, wie das für mich war, und dass ich merkte, dass die Verbindung permanent hielt.

Wow! Und als diese Worte über meine Lippen flossen, erkannte ich die mir gezeigte Lektion.

Die Verbindung mit Opa steht! Sie stand die ganze Zeit.

Ich beschäftigte mich den restlichen Tag mit dieser Erfahrung und was ich da rausziehen konnte. Der Fremdkontakt vom Vorabend musste einen Anteil an der Störung haben, da war ich mir sicher.

Wenn ich an dieses Erlebnis denke, schwirrt mir ein Bild im Kopf herum.

Ein Schwarzweißfilm, in dem die emsige Dame in der Telefonzentrale den lieben langen Tag Kabel umsteckt, so dass die richtigen Personen miteinander verbunden werden. Ein treffender Vergleich.

Am Abend kam Opa auf Besuch, und alles funktionierte wie eh und je.

DIE REINE LIEBE UND DAS EGOISTISCHE »ETWAS«

Ich widme mich diesem ungleichen Paar, weil ich auf der Suche nach Wahrheit ein beeindruckendes, hochemotionales Erlebnis hatte.

Auffallend ist, dass sowohl die Liebe als solche wie auch das »Etwas« in sich selbst unterschiedlich begriffen werden. Jeder empfindet diese Begriffe anders, und daher existieren auch verschiedene Definitionen, die sie teilweise beleuchten.

Ich beschäftigte mich schon in meiner Jugend intensiv mit dem Thema Liebe.

Ein Gespräch, welches ich mit meinem Vater hatte, blieb mir in Erinnerung. Wir führten es nach der Scheidung meiner Eltern und redeten über das Leben im Allgemeinen.

Ich glaube, damals war er müde, müde von seinen Träumen, müde von der Liebe, müde von der Hoffnung, müde und enttäuscht.

Er versuchte, mir einen väterlichen Rat zu geben und erklärte mir, dass im Alter andere Dinge bei der Partnerwahl zählen würden als Liebe.

Darauf entgegnete ich: »Vati, das Wichtigste ist die Liebe.«

Auf ihn wirkte es sicher naiv und altklug, was nicht verwunderlich war. Zu dem Zeitpunkt fehlten mir die Erfahrungen im laufenden Leben, die ich mit Liebe hätte gemacht haben können. Bei Liebeserfahrungen reichen die, die man mit der eigenen Familie sammelt, nicht aus, um sie auf die Partnerschaft anzuwenden. Da gehen viele Facetten und Nuancen verloren, die es benötigt, um ein wahrhaftiges und glaubhaftes Bild zu erzeugen.

Wenn ich mich heute in die Situation hineinfühle, erkenne ich eines klar: Ich wusste, was Liebe ist. Ich wusste von der allumfassenden bedingungsfreien Liebe, tief in meinem Herzen. Meine Seele war sich dieser Grundlage bewusst, mein Kopf verstand es nur nicht. Mein Herz gab mir Sicherheit, und so musste ich mit den Erfahrungen, die ich in den folgenden Jahren sammeln durfte, in dieses Wissen hineinwachsen. Erst dadurch war ich in der Lage, meine Aussage mit Leben zu füllen und vollends zu begreifen.

Das Herz ist dem Kopf mindestens einen Flügelschlag voraus.

Kommen wir zum Thema. Der Liebe und dem »Etwas«.

Durch meine Experimente erfuhr ich immer wieder Ähnliches.

Die Seelen, die ich holte, und die noch irgendwelche

Altlasten mit sich schleppten, waren weniger frei als erleichterte Seelen.

Altlasten tragen wir alle mit uns herum, jeder von uns und jeder von Ihnen.

Doch es gab da Gemeinsamkeiten, zum Beispiel zwischen Seelen, die unbändige Wut oder Zorn behielten.

Mir war unheimlich zumute, als ich zum ersten Mal eine solche Seele in mir hatte. Diese massiven Auswüchse von Zorn und zerstörerischer Wut kannte ich bis dahin nicht.

So weckte die Sonderlichkeit meine Neugier.

Wie konnte es sein, dass ein Mensch derart reagierte, und wo im Körper fühlte sich das wie genau an?

Ich wollte es wissen.

Warum konnten wutverstrickte Seelen nur minimal auf ihre Liebe zurückgreifen?

Liebe, die wir von Natur aus in uns tragen, weil wir der Liebe entspringen.

Sie ist Grundlage des Seins.

In meinen Behandlungen bedarf es ausgeklügelter Überredungskunst und feinster Rhetorik, um diese Seelen zu erwärmen und an Liebe zu erinnern.

Meine Arbeit mit Besetzungen und deren Auflösung verdeutlicht die Problematik.

Zu mir fanden Klienten, die meine Hilfe beim Lösen von Besetzungen benötigten, die ich erst befreien konnte, nachdem ich mich um den unliebsamen Gast kümmerte. In dessen Kern steckte sein eigenes Thema. War das gelöst, konnte auch das Loslassen des Klienten passieren, und so weiter ...

Nachdem ich schon alles Erdenkliche ausgetestet hatte, dachte ich eines Tages bei mir: Nicole, untersuche Begrifflichkeiten!

Ob ich es selber dachte oder mir die Idee angedacht wurde, sei mal dahingestellt.

Alles ist Energie, folglich muss es existieren.

Ich fackelte nicht lang und legte los.

Mal vorab: Wenn dieser energetische Versuch nicht so anstrengend gewesen wäre, könnte man von gediegener Abendunterhaltung sprechen.

Entspannt bat ich um Hilfe und darum, dass die reine Liebe in mich kommt.

Mein Körper begann sich zu verändern, sanft, fein.

Ich verfolgte genau, was in mir und um mich herum ablief und kam in einem Endzustand an. In ihm fühlte ich mich zu Hause, oder besser gesagt, er war ein Teil von mir. Ich fand den Kern meines eigenen Selbst. Wir waren eins.

Ich beobachtete mich, wie ich da stand, meine Haltung, meine Gliedmaßen, meine Muskeln, meine Mimik. Alles an mir nahm ich unter die Lupe, als eine Komposition von Außenschau und Innenschau.

Im Anschluss gab ich mich ungeteilt der Emotion hin.

Womit wurde ich konfrontiert? Woher kam es?

Was passierte dadurch mit mir? Wie wirkte es sich aus?

All diese Fragen versuchte ich, mir zu beantworten.

Zufrieden ging ich aus dem Zustand hinaus. Zur Analyse der Erfahrung startete ich mit einer Nachbetrachtung, um daraus zu lernen und ausreichend darüber Bescheid zu wissen.

Es wurde Zeit, die Gegenprobe anzutreten. Damals dachte ich, und »denken« ist genau das korrekte Wort, das Gegenteil von Liebe sei Hass. So wird es uns suggeriert, so wachsen wir auf. Es ist wie eine ungeschriebene Gesetzmäßigkeit. Demzufolge wollte ich den Hass austesten.

Ich öffnete mich und ließ ihn in mich hinein. Je mehr ich ihn hereinließ, umso unbehaglicher wurde es. Viel zu schnell brach ich ab, weil das Gefühl unerträglich war. Ich wollte es auch nicht weiter ertragen müssen.

Eines war merkwürdig: Liebe und Hass fühlten sich irgendwie nicht verwandt an.

Da stimmte etwas nicht. Es erschien mir falsch.

Ich stutzte.

Zwar war mir nicht bewusst, was mich störte, aber ich wollte es nicht einfach abtun.

Also setzte ich mich bedröppelt und sann vor mich hin.

Da erinnerte ich mich an die Worte meines Großvaters, dass ich meinen Meister hier nicht finden würde.

Ich war auf mich allein gestellt, um neue Möglichkeiten zu finden.

Wo sollte ich anfangen?

Vielleicht stimmte bereits die Grundvoraussetzung nicht?

Da Not sprichwörtlich erfinderisch macht, musste ich meinen Weg beschreiten.

Es blieb mir nichts anderes übrig, als mit dem Ganzen von vorn zu beginnen.

Ich startete mit einer Analyse des Hasses. Dafür stellte ich den Hass mitten in mein Wohnzimmer und betrachtete ihn von außen. Eine neutrale Draufsicht zu behalten, war essentiell.

Es lief.

Als stiller Beobachter hatte ich nichts zu befürchten, das verschaffte mir perfekte Abgrenzungsbedingungen.

Wie er da so stand, wirkte seine Schale verhärtet.

Doch in ihm brodelte es, das konnte ich spüren.

Nach einiger Betrachtungszeit brach die Hülle des Hasses auf, und darunter befand sich ein durchlässiges Gebilde. Zum Vorschein kam etwas in ihm Verborgenes, Verstecktes, der Kern des Übels.

Für mich war klar, dass das die Begrifflichkeit ist, die ich suchte. Das Gegengewicht zur Liebe, obwohl auch sie ein Teil von ihr war.

Ich weiß, das ist schwer zu begreifen. Ich verstehe es ja selber kaum.

Und nun gib dem Kind einen Namen. Am liebsten würde ich es einfach »Etwas« nennen, befürchte aber, dass alles Weitere zu schwer nachzuvollziehen ist.

Nennen wir das »Etwas« kurz »Ego«, nur dass Sie sich ein grobes Scheinbild machen können.

Das Risiko, dass Sie jetzt in die Klischeeschublade greifen, gehe ich ein.

Und bitte legen Sie jetzt den Inhalt wieder zurück in die Schublade.

Das sollte reichen.

Ich rede nicht von einem Selbst, das sich um einen selber bemüht und liebevoll kümmert.

Das halte ich für sinnvoll. Sich selber lieben, wie auch andere.

Ich meine dieses »Etwas«, was im Weitblick niemandem dient.

Da stand das »Etwas« egozentrisch auf meinem Teppich.

Es plusterte sich auf, tobte und bluffte. Es wirkte angestrengt und strengte mich an.

Wie es einen riesigen Wind um nichts machte, musste ich an Rumpelstilzchen denken.

Ja, ich rede von dem Märchen.

Der Vergleich war ungeheuerlich treffend.

Das Märchen hinterließ einen bleibenden Eindruck mit einem unbequemen Antihelden, vor dem ich in Kindertagen Angst hatte. Wahrscheinlich verknüpfte ich zusätzlich meinen kleinwüchsigen Beobachter aus der Vergangenheit mit ihm.

Angewidert und gleichzeitig fasziniert kam mir der Gedanke, dass ich dieses »Etwas« kennenlernen möchte.

Ich hatte tausend Fragen in meinem Kopf, und die meisten von ihnen begannen mit einem »Warum?«

Ich muss gestehen, dass ich schon Seelen in mir hatte, die mir Angst einjagten. Vielleicht weil ich sie im Vorfeld nicht begriff und sie im Anschluss nicht verstand.

Verschmolz ich mit ihnen, leuchtete mir ihr Denken, Handeln und Fühlen ein. Was wiederum kein Kunststück darstellte, da wir eins waren.

Kam ich nach einer heftigen Sitzung zur Ruhe und dachte daheim über die getane Arbeit nach, erschrak ich mich.

Unfassbar, welche Dinge in Menschen steckten! Wie aus einem einst gesäten Körnchen ein Gewächs entsteht, das nur vergiftete Früchte hervorbringen würde.

In letzter Konsequenz ließ es mich wehmütig werden, und im Gegenzug härtete es mich ab. Wahrscheinlich hatte ich deshalb keine Angst vor dem »Etwas«.

Furchtlos lud ich es ein, um es kennenzulernen.

Das »Etwas« zog bei mir ein und fühlte sich kalt an, eisig, wirklich eiskalt. Es strebte nach Wachstum und verlangte, sich auszubreiten. Gleichzeitig verspürte ich in mir einen schwarzen Punkt, ein Gefühlsloch. Je mehr Raum ich dem »Etwas« gab, umso gewaltiger wurde die innere Leere in mir.

Einsamkeit hüllte mich ein.

Eine unangenehme Metamorphose.

Das »Etwas« führte und mein Körper folgte.

Ich bekam Angst. Ich spürte sie im gesamten Körper. Sie war überzeugend, und ich brach den Versuch unvollendet ab.

Akribisch reinigte ich mich, um zu vermeiden, auch nur ein winziges Quäntchen davon an mich zu binden.

Die Fakten lagen vor mir, und ich wünschte mir zu verstehen, was passierte.

Meine Gedanken drehten sich im Kreis, rannten nach links, hielten inne, um dann in eine andere Richtung zu wechseln.

Endlich hatte ich eine Idee.

Vielleicht war der Gegenspieler der Liebe nicht der Hass, sondern das, was ich im Inneren des Hasses vorfand.

War der Ausgleich der Liebe dieses »Etwas«?

Mit einer solchen These konnte ich was anfangen, und sie erschien mir wahrhafter als dieses ewige »Liebe-Hass-Szenario«.

Ich war im Testfieber.

Als Testobjekte wählte ich eine Reihe Persönlichkeiten, von denen ich annahm, dass sie stark zu einem der beiden Pole tendierten. Ich gab der Möglichkeit, meine Erwartung zu widerlegen, genauso viel Raum, wie meine Vermutung zu untermalen. Denn ich war einfach nur neugierig.

Mit Freunden, Bekannten und Familie begann ich und spürte eine leise Tendenz. Je mehr sich jemand der Liebe hingab, desto schwächer war das »Etwas« entwickelt. Vergleichbar mit einer Waage, mehr Gewicht auf der Seite der Liebe führte zu einem erleichterten »Etwas«. Und umso ausgeprägter das »Etwas« war, desto weniger zeigte sich die Gewichtung auf der Seite der Liebe.

Für intensivere Untersuchungen musste ich extremere Menschen heranziehen, als es mir mein persönliches Umfeld bot.

Eifrig testete ich mit Prominenten, und es schien, als wäre meine ursprüngliche Vermutung nicht die verkehrteste gewesen.

Zum Schluss wagte ich mich an Galionsfiguren der Menschlichkeit, die entweder im »Etwas« verhaftet waren oder in reiner Liebe lebten.

Zwei Beispiele ragten zwischen allen anderen heraus.

Mutter Theresa nahm ich ziemlich am Ende der Testreihe zur Hilfe.

Ich verschmolz mit der Liebe von Mutter Theresa. Mein Körper und meine Mimik veränderten sich. Es war immer eine ähnliche Angelegenheit.

Ich stand aufrechter und hatte das Gefühl, aus meinem Inneren heraus zu wachsen.

Ein wohliges Sein, ich kam an und hielt inne.

Diesen Zustand speicherte ich, um ihn zu gegebener Zeit zum Vergleich hervorzuholen.

Nun begab ich mich in das »Etwas« der Mutter Theresa.

Ich krümmte mich und bekam einen Buckel, meine Körpermitte wurde instabil.

Das »Etwas« ging auf die Knie und ich schrumpfte.

Es fühlte sich an, als würde das »Etwas« flüchten.

Doch ich kam zu einem Endpunkt, der zugegebenermaßen extrem mickrig war.

Wieder speicherte ich den Zustand ab und machte es mir zur Erholung bequem.

Das war schon ein überzeugendes Beispiel für mich, um zu erkennen, wie dieses Paar funktionierte.

Ich sträubte mich eine Weile, den nächsten Schritt zu gehen. Aber eigentlich hätte mir schon zu Anfang des Experimentes klar sein sollen, mit wem ich Liebe und »Etwas« am besten hätte austesten können. Ich hatte einen Wunschkandidaten, an den ich mich nicht recht herantraute. So arbeitete ich mich stufenweise nach oben.

In meinem Kopf befand sich eine Barriere, die mich derart blockierte.

»Nein, Nicole, den kannst du jetzt nicht holen. Nein, den darfst du nicht darum bitten.«

Und noch eine ganze Menge anderer Neins kamen mir in den Sinn.

Nachdem ich Stunden damit verbracht hatte, hin- und her zu probieren, blieb mir im Grunde nichts anderes mehr übrig, als ihn zu holen.

Ich bat darum, in die Liebe von Jesus Christus einzutauchen, mit seiner Liebe zu verschmelzen.

Er kam mir zu Hilfe.

Ich öffnete mich und die Wandlung startete.

Es war der helle Wahnsinn!

Ich wurde erfasst von einer Größe und Leichtigkeit, die gleichzeitig Erdung und Kraft bot.

Das fühlte sich für mich nach Vollkommenheit an, nach einer Einheit mit allem, was ist.

In mir sprudelte alles vor Begeisterung.

Ich stand aufrecht und wuchs unaufhaltsam, dehnte mich immer mehr aus, in alle Richtungen.

Da wurde ich durchlässig.

Ich verspürte Reinheit, Liebe, Einfachheit und pure Hingabe.

Meine Arme öffneten sich, immer weiter.

Nicht nur ich wuchs über mich hinaus, sondern auch die Liebe von Jesus schien über sich selbst hinauszuwachsen.

Mit einem Mal wurde mir klar: Das Wachstum würde nicht aufhören.

Ich beendete es, denn diese körperliche Erfahrung war intensiv.

Und ich kann Ihnen wärmstens ans Herz legen, ein Bad in der Liebe von Jesus zu nehmen.

Geflasht von diesem gigantischen energetischen Kick, säuberte ich mich.

Für den Gegentest wollte ich neutral starten und stellte mich auf Empfang.

Mit der Bitte, dass das »Etwas« von Jesus in mich kommt, öffnete ich mich erneut.

Nichts passierte; weder körperlich noch mental konnte ich eine Veränderung wahrnehmen.

Seltsam.

Auf ein paar Erfahrungswerte konnte ich ja nun zurückgreifen. Das zu erwartende Ergebnis war ein Kleinerwerden. Das »Etwas« der Personen, die sich schon inmitten der reinen Liebe befanden, schrumpfte bisher immer. Körperlich hätte ich erwartungsgemäß in mich zusammenfallen müssen.

Was war anders?

Ich stand wie ein Fels und wartete gespannt darauf, was passieren würde. Nichts fühlte sich nach einem bevorstehenden Zusammenbruch an.

Was folgte, löst in mir heute noch Bewunderung aus.

Mein Körper hob meine Hand, führte sie zu meinem Herzen, dann zu meinem Mund und küsste sie. Sie bewegte sich weiter in Richtung Stirn und berührte sanft mein drittes Auge. Mein Arm sank, und ich setzte zu einer Verbeugung an, drehte mich um hundertachtzig Grad und ging weg.

Urplötzlich schoss ich mich aus der Verbindung und brach in Tränen aus. Zutiefst gerührt von dieser Handlung wurde ich von meinen Gefühlen übermannt. Ein faszinierendes Bewusstsein erstrahlte in mir. Demut in jeder Faser meines Körpers, in allem, was ich war, rundete dieses einschneidende Erlebnis ab.

Ich bedankte mich für den Einblick, für die Einsicht und für die Erkenntnis.

In Zukunft darauf zurückgreifen zu können, stellte ein erstrebenswertes Ziel dar.

Ich bat von Herzen um diese Reinheit und Klarheit.

Das Erlebnis liegt jetzt Jahre zurück.

Die Liebe und das »Etwas« gehören zusammen, genauso wie sie sich ausschließen. Wobei auch das nur eine Halbwahrheit ist. Solange ich in diesem Bereich keine anderen Erfahrungen sammle oder mich Worte finden, um das Verhältnis genau zu beschreiben, werde ich es so halten.

Korrektur ist immer möglich.

MEINE BEICHTE

Erwartungen polarisieren. Ohne jegliche Erwartung durchs Leben zu gehen, schreiben sich heutzutage viele als erklärtes Ziel auf die Fahne.

Ich finde es sinnvoll, mit Absolutismen zu sparen, wenn es eine offensichtliche Kehrseite gibt. Mir dient es, nach rechts und links zu gucken, bevor ich eine Hauptstraße überquere. Ich erwarte ohne eine Erwartung an diese Situation keinen guten Ausgang. Erwartungen in anderen Zusammenhängen sind manchmal hinderlich, weil sie das eigene Handeln blockieren könnten.

Befreien kann ich mich davon nicht, zumindest konnte ich es nicht in diesem Fall.

Ich traf mich nun schon seit einem Monat mit diesem charismatischen Mann.

Es war eine bewegende Zeit, und es passte.

Eine Sache bereitete mir allerdings Kopfzerbrechen.

Er wollte mit der geistigen Welt null zu tun haben. Das Komische daran war, dass ich nichts dergleichen je zur Sprache brachte. Scheinbar unmotiviert setzte er von sich aus ständig diese Grenze. »Geistscheiß« war der Begriff, um seiner Abwertung Ausdruck zu verleihen. Für ihn gab es keine Unterschiede, und alles, was annähernd in die spirituelle Ecke gehörte, stempelte er damit ab.

Ich war, wer ich war, und mich gab es auch nur so.

Wir gingen zum Brunchen in eine Trattoria. Heute sollte es passieren.

Nach meinem ersten Kaffee fasste ich mir ein Herz und legte mit meiner Beichte los. Ich kam mir vor wie in einer mies verfilmten Teenie-Komödie mit untalentierten Darstellern.

Ich blickte in mein leeres Glas.

»Ich muss dir etwas sagen. Ich trau mich nicht.«

Nicole, dachte ich bei mir, nimm deinen Mut zusammen und raus damit.

Also holte ich tief Luft und ratterte einen emotionsfreien Satz herunter.

»Ich bin hellsichtig, hellfühlig, hellhörig und all das andere, was damit zu tun hat.«

Er beugte sich zu mir und sah mir in die Augen.

»Glaubst du, das weiß ich nicht?«

Bäm!

Das hatte gesessen. Ich war so überrascht, er hätte auch einen Eimer kaltes Wasser über mich schütten können.

Ja, ich glaubte, er wisse es nicht.

Da ist man medial, und wenn es einen selber betrifft, so was von aufgeschmissen.

Willkommen in meinem Leben.

Es machte spätestens an dieser Stelle alles gar keinen Sinn mehr. Er will nichts, aber auch gar nichts mit der geistigen Welt zu tun haben. Und doch wollte er mit dem Wissen, wen er mit mir vor sich hat, eine feste Beziehung?

Ich sollte sofort nach der ersten Verabredung bei ihm einziehen.

Das war entgegen jeglicher Logik.

Da meine Karten offen auf dem Tisch lagen, wollte ich ihm nun auch die Karten zeigen, die ich noch auf der Hand hatte.

»Ich kenne meine zukünftigen Kinder, und das Mädchen durfte sich ihren Namen aussuchen.«

Dass die Kleine so aussah wie er, verschwieg ich ihm noch zwei Jahre.

Er lächelte und fragte, welchen sie sich denn ausgesucht hätte.

»Nala«, hauchte ich verschüchtert.

Er bekam daraufhin eine sanfte und in sich ruhende Stimme.

»Nala, die Königin.«

Erneut überraschte er mich, und ich setzte zur Frage nach dem Warum an.

Er unterbrach mich.

»Müssen wir darüber jetzt wirklich noch reden?«

Ich schüttelte bedächtig den Kopf.

So einfach kann das Leben sein.

Das dachte ich damals.

Heute amüsiere ich mich über meine Naivität. Es wurde einfach auf andere Weise kompliziert, auf unsere Weise.

Fasziniert von unserem Gespräch wurde ich zunehmend unbewusster. Meine Unruhe und das Hibbeln bemerkte ich selber nicht.

Er schon.

Er unterbrach meinen Gesprächsfluss.

»Was ist mit dir los?«

Anfänglich begriff ich den Hintergrund seiner Frage nicht und muss ratlos geguckt haben.

In die Ecke des Restaurants blickend, wiederholte er seine Frage.

Mein Blick folgte seinem und endete vor zwei dunklen Wesen.

Ich konnte nichts Genaueres erkennen, nahm sie nur als Schatten wahr. Es genügte, um mich zu erschrecken.

Auch das entging ihm nicht.

Er sah mir in die Augen, und eine helle Wand zog sich zwischen sie und uns.

»Besser?«, fragte er mich liebevoll.

Ich konnte nur noch wortlos nicken.

Unfassbar!

Die Mauer zog er.

Wie hatte er das gemacht?

Er schirmte uns ab, und mir ging es schlagartig wieder gut.

Zu behaupten, dass das eine großartige Erfahrung war, könnte im ersten Moment ein bisschen schief wirken. Der Gewinn war, dass wir beide die Wesen sahen und er direkt darauf Einfluss nehmen konnte. Es wurde mir bewusst, dass sie schon eine Weile dort standen und ich sie anfangs versuchte zu ignorieren.

Dieser Versuch scheiterte.

Ignoranz hilft nicht.

Vom Bewussten mit Absicht ins Unbewusste zu gehen, ist wie Augen zuhalten.

Wegsehen bedeutet niemals, dass da nichts ist.

Nalas Lied

Bei allem Frieden erlebte ich auch die Härte auf Erden. Wenn alle deine Freundinnen schwanger werden und du warst wieder nicht dabei, trifft es dich bis ins Mark.

Du freust dich über jedes Mutterglück, aber spürst auch die Sehnsucht nach dem eigenen Kind.

Lassen Sie sich bitte mal ganz auf dieses Thema ein.

Meine Tochter begleitet mich jetzt knapp sieben Jahre, eine geraume Zeit, wenn man auf etwas wartet.

Ja, ich kenne meine Kinder, die Große noch besser, weil ich sie eher sah.

Ich kenne sie wirklich, nicht nur das, was sie mir zeigt oder zeigen möchte, sondern alles, was in ihr steckt. Ich durfte sie nicht nur erblicken. Mir war es vergönnt, sie zu erfahren. Wir hatten das Glück, uns gegenseitig zu erfahren. Ich erfuhr sie und automatisch erfuhr ich mich selbst.

Ich weiß, wie sie heißen möchte, wobei ich ahne, dass

dies ihr Seelenname ist und sie auch für einen anderen zugänglich wäre.

Ich weiß, was ihr schmeckt und was nicht.

Ich weiß, sie liebt Giraffen und permanente Aktionen. Sie ist ein Wildfang, ganz der Papa.

Und um meinen Opa zu zitieren: »Sie ist ein Rattengewitter, wie du.«

Die Mischung macht es.

Ein paar Monate, bevor mein Mann in mein Leben trat, veränderte sich ihr Aussehen. Sie verjüngte sich abermals. Ihr Gesicht wurde runder, die Wangen fülliger, die Augen dominanter, und die Haare wurden zu goldblonden Locken. Besonders fielen mir die Grübchen auf, die sie nun beim Lachen hatte.

Die Zusammenhänge für die Veränderung des Aussehens bei Kindern, die auf ihre Inkarnation warteten, kannte ich.

Als mir mein Mann erstmals gegenüberstand, hatte ich nur einen Satz im Kopf.

»Oh mein Gott, sie sieht aus wie er!«

Beim Kennenlern-Date noch entspannt und unbelastet zu bleiben, ist in dem Fall eine riesige Herausforderung. Ich stand unter Druck und wollte es nicht vergeigen. Für mein Empfinden lag die Verantwortung für das Entstehen einer Familie bei mir. Wenn es schiefgehen würde, müssten sich die Kinder für die Inkarnation andere Eltern erwählen. Ein wirklich abstraktes Gedankengerüst zimmerte ich mir da zurecht.

Ganz so ist es eben nicht.

Dass unser Kind beim ersten Date anwesend war, passte in meine romantische Vorstellung von Familie.

Sie hat ein mitreißendes Lachen und einen unbändigen Willen. Der ließ mich letztlich bei unzähligen Versuchen kapitulieren, ihr das beige Kleid auszureden. Mein Geschick versagte, aber glücklicherweise erledigen sich manche Dinge von selbst. Beim Kleid genügte Aussitzen. Geduld hatte ich gelernt, und so trug sie nach einer weiteren Verjüngung ein gelbes Kleidchen mit Schleife. Auch wenn ich kein Gelbfan bin, sie sah herzig aus.

Ein Problem ergab sich aus ihrem Eigensinn.

Es war ihr Wille, in die reine Liebe zu kommen.

Wenn ein Mann in mein Leben trat, fragte ich sie vorher, ob sie ihn mag.

In einem ausufernden Begeisterungssturm reagierte sie klatschend und hüpfend.

Auf meine zweite Frage, ob das ihr Papa sei, folgte immer ein deutliches »Nein«.

Das versaut einem so manche Hoffnung, die man in eine Bekanntschaft gesetzt hatte.

Willkommen in meinem Leben.

Eines Tages tritt ein Mann in mein Leben, der uns beiden gefällt.

Die Antwort auf die zweite Frage ist ein Kopfnicken, das ein Schleudertrauma hätte auslösen können.

So weit, so gut, könnte man meinen.

Leider steckte ich automatisch in der nächsten Misere. Der potentielle Vater wollte von gemeinsamen Kindern nichts wissen. Das sagte er oft und laut, und vor allem oft. Jenen, die es hören und denen, die es nicht hören wollten.

Bei jeder dieser Aussagen stand unsere gemeinsame Tochter im Hintergrund und kicherte. Behalte da mal die Contenance.

Als ich ihm dann auch noch mitteilte, dass Nala in die reine Liebe kommen möchte, reagierte er ernüchternd.

»Reine Liebe? Wer will schon so ein Kind!«

Und ich dachte mir: »Häh, wer will es denn anders?«

Für mich war es das Erstrebenswerteste überhaupt!

Natürlich hab ich im Laufe der Zeit auch andere Gründe für Inkarnationen erfahren dürfen, und dass die reine Liebe eine untergeordnete Rolle spielen kann.

Was jetzt keine Wertung über die Wichtigkeit der Kriterien sein soll.

Jede Seele hat ihre eigenen Gründe und Kriterien, um Entscheidungen zu treffen. Andere Seelchen, andere Themen.

Es war mein Thema, dass ich mich weigerte zu verstehen, dass Kinder inkarnieren, die einer Laune entsprangen.

Unsere Tochter hatte den Anspruch der reinen Liebe.

Es nervte.

Wie kann man nur so wählerisch sein!

Bei Opa ließ ich meinem Frust darüber freien Lauf.

Er musste sich über die Jahre allerhand anhören.

Tut mir leid, Opa.

Das, was er mir tröstend zur Hilfe gab, war eine Frage.

»Was würdest du dir an ihrer Stelle wünschen?«

Na danke.

Opa kannte mich einfach zu gut.

Ich weiß, wie mitfühlend sie ist, und wie sehr sie sich um Menschen sorgt.

Sie lebte bei mir, mit mir über Jahre hinweg.

Wenn ich sie nicht beachtete, verschaffte sie sich Gehör.

Wie sollte es mir gelungen sein, keine Mutter-Tochter-Beziehung aufzubauen?

Eine intensivere Bindung ist fast nicht machbar.

Fast?

Ja fast, denn da gab es einen klitzekleinen Teil, der fehlte, um in die Welt zu passen.

Ihr menschlicher Körper. Die Vergrobstofflichung war auf Erden für mich noch wichtig.

Mag sein, dass ich auch nur einer Art Gruppenzwang unterlag.

Die Liebe zu ihr weckte eine Sehnsucht in mir, die mich manchmal an den Rand der Verzweiflung brachte.

Es ging nicht um einen allgemeinen Kinderwunsch, es ging ausschließlich um sie.

Wenn sie sich länger nicht blicken ließ, schmerzte mein Herz aus Angst, sie wäre verschwunden. Vielleicht ist das schwer nachzuvollziehen, wenn man die Erfahrung nicht selber gemacht hat.

Aber stellen Sie sich vor, Sie warten seit Jahren, dass Ihr Kind von der Schule nach Hause kommt. Sie wissen, es geht ihm gut, und doch wünschen Sie sich nichts mehr, als es bei der Begrüßung zu umarmen. Manchmal zweifeln Sie, ob Sie die richtigen Entscheidungen treffen.

So steigt Unsicherheit auf, Ihr Kind könnte es sich mit dem Heimweg anders überlegen.

Denn auch Ihr Kind hat einen freien Willen.

Sie fragen sich: Warum nicht ich? Was stimmt noch nicht?

Nebenbei erlernen Sie zwangsweise die Tugend Geduld und versöhnen sich mit dem Gedanken, dass Ihr Kind entscheidungsmäßig ganz der Papa ist.

»Ich will. Ich will doch nicht. Vielleicht morgen. Ja. Nein. Brüderchen, geh du vor! Ach nein. Erst ich. Ach, geh du. Oder wie jetzt?«

Prost Mahlzeit, wenn das so schon anfängt, bevor es anfängt.

Das Leid darüber, dass Nala noch warten möchte, durfte irgendwann gehen.

Es ist gut, den Kindern die Zeit zu geben, die sie brauchen. Das nenne ich mütterlich und verantwortungsbewusst. Das eigene Bestreben hinter die Bedürfnisse des Kindes zu stellen, bringt mich der reinen Liebe näher. Ein Kind, das noch nicht geplant ist und in einer Vorbereitungsdimension noch einiges zu erledigen hat.

Heute frage ich mich, warum diese Sehnsucht mich jemals traurig werden ließ.

Eine langjährige Vorfreude wäre doch weitaus angenehmer gewesen.

Gut, dass es für Freude nie zu spät ist.

Also freu ich mich.

Willkommen in meinem Leben.

In einer der Wartephasen schrieb ich ihr ein Schlaflied. Ich hatte eine Melodie auf den Lippen und summte sie tagsüber vor mich hin. Auf einmal war der erste Satz da, ich nahm sofort Zettel und Stift und schrieb ihn nieder. Die Worte kamen zu mir, es hörte nicht mehr auf. Ich schrieb den Text am Stück durch, ohne darüber nachzudenken und fühlte mich genau wie damals, als ich mit Opa über das Schreiben kommunizierte.

Als ich das Lied im Anschluss vor mich hinsang, war ich erstaunt, dass das Versmaß passte.

Die Sätze berührten meine Seele.

Seither freue ich mich auf den Tag, an dem ich es ihr zum ersten Mal vorsingen werde, um sie in den Schlaf zu wiegen.

Nalas Lied

Mein kleines Herz, mein großes Glück
Ich Dich zärtlich an mich drück.

Erzähl vom Tag, was Dir geschah.
Manchmal entfernt, nun wieder nah.

Ein sanfter Kuss begleitet Dich
Ins Land der Träume. Dort triffst Du mich.

Lalalalaaa, lalalalaaa, lalalalaaa, lalalalaaa.
Lalalalaaa, lalalalaaa, lalalalaaa, lalalalaaa.

Die Sonne durch Dein Fenster strahlt.
Ein neuer Tag ein Lächeln malt.

Mein kleines Herz, mein großes Glück.
Ich liebe Dich, mein größtes Glück.

REALITÄTEN VERSCHWIMMEN

Wir spulen mein Leben an die Stelle, an der ich mich in Hamburg mit der einst getätigten Aussage des Mediums versöhnen durfte.

Ich half bei einer Esoterik-Messe am Stand meiner Freundin, die mittlerweile als Heilpraktikerin arbeitete.

Wir hatten einige nachhaltige Begegnungen und liebevolle Situationen. Unsere Klienten behandelten wir direkt vor Ort, in einem weißen Zelt. Es wirkte mittelalterlich und war gemütlich.

Am letzten Messetag saßen die Interessenten sogar mit verkraftbarer Wartezeit vor unserem Stand. Wir freuten uns über den Zulauf.

Es war mir eine besondere Ehre, als ich meinerseits andere Heiler behandeln durfte.

Merkwürdig für mich, weil ich um einiges jünger war als die meisten anderen Aussteller.

Heftige Dinge tauchten auf, um ans Licht zu kommen und aufgelöst zu werden.

Eine der Behandlungen kostete mich extrem Kraft.

Manchmal verlieren wir Energie, um zu erkennen, daraus zu lernen und daran zu reifen.

Der Klient konnte nichts für diesen Kraftverlust. Er bat um Hilfe, aber was ich im Karma sah, machte mir brutale Angst. Ich erblickte einen bärtigen Mann, der in der Dunkelheit agierte, Feuerkreise legte und unverständliche Worte flüsterte. Sein Fokus lag auf Manipulation und Zerstörung.

Mein Körper reagierte mit flacher Atmung und Panik.

Ich war mir unsicher, ob seine damalige Energie nicht übergriffig werden könnte.

Keine Ahnung, wie ich immer auf solche Sachen komme. Aber meine Erfahrung lehrte mich, wenn mir solch eine Idee in den Sinn kommt, dann ist es grundsätzlich möglich.

Es wurde eng in mir.

Gern wäre ich geflüchtet, um der Situation zu entkommen.

Weder wollte ich, dass dieser Mann mir anmerkt, dass ich schwanke und an seinem guten Willen zweifele. Noch, dass der Magier merkt, wie er in mich hineinkommt oder mir Schaden zufügen könnte.

Gefangen in dem Gefühl, die Situation nicht mehr selber unter Kontrolle halten zu können, schrie ich innerlich so laut ich konnte nach Opa Walter.

Er erschien sofort und brachte Verstärkung mit. Umgeben von einer liebenden Version einer eigenen Leibgarde, fühlte ich mich sofort in Sicherheit und wohlbehütet.

Als ich erneut in das Karma des Mannes sah, vergewisserte ich mich einmal mehr, ob er mir gefährlich werden könnte.

Am Ende war es eindeutig. Ich hatte Angst vor etwas für mich nicht mehr Gefährlichem, der Energie eines längst vergangenen Lebens.

Erleichterung in allen Schichten stellte sich bei mir ein.

Nun stand ich vor einer weiteren Herausforderung.

Vor mir saß dieser liebe Mann, der auf Hilfe hoffte, und alles, was ich ihm geben konnte, war eine für mich ungemütliche Information. Einst agierte der Magier in ihm skrupellos auf der dunklen Seite der Macht, und nun versuchte er, den Weg der Liebe zu beschreiten.

Die Krönung, ich konnte energetisch nichts weiter für ihn tun, denn er könne es alles selber, und genau das sei auch von Nöten, teilte man mir mit.

Es gibt Dinge im Leben, die kann keiner für dich tun, kein Heiler, kein Medium, kein Coach, kein Psychologe. Einige Dinge musst du einfach selber machen, denn nur so geht es vorwärts.

Und dieser Mann musste selber vorwärtsgehen.

Wie bringe ich einem Menschen, der auf dem Weg der Liebe wandert, schonend bei, dass er den unliebsamen Anteil noch mit sich herumschleppt?

Kurz und schmerzlos schließt einfühlsam und liebevoll aus.

Willkommen in meinem Leben.

Ich offenbarte ihm, was ich sah und hängte kleinlaut dran, dass seine Arbeitsweise nicht so liebevoll war.

Sein Blick reichte mir als Reaktion. Die blanke Enttäuschung. Ein Schleier von Traurigkeit legte sich über sein Gesicht.

Es tat mir in der Seele weh.

Ernüchtert und mit zitternder Stimme sagte er: »Aber ich dachte, das wäre vorbei und ich hätte alles aufgelöst?«

Ich schüttelte vorsichtig den Kopf und wollte ihn nur noch umarmen. Wie ein Kind saß er vor mir und sehnte sich so sehr nach Erlösung. Und ich musste ihm die Augen öffnen und mitteilen, dass es noch nicht vorbei war. Er tat mir wirklich leid, ganz gleich, was er damals für Kummer und Schmerz zu den Leuten brachte. Dieser Mensch war jetzt ein anderer.

Wieder gefasst bedankte er sich für die Sitzung. In dem Wissen, dass er den Weg weitergehen muss, um diesen Anteil in ihm loszuwerden und endgültig dort zu lassen, wo er hingehörte.

Ich wünschte ihm von Herzen viel Erfolg dabei.

In Gedanken bat ich darum, dass sie ihm helfen mögen und ihn nicht abschreiben, denn er hatte eine faire Chance verdient.

Mich nahm die Begebenheit mehr mit, als ich mir eingestand.

Ich brauchte eine Pause, um mich zu sammeln.

Bekam sie aber nicht, weil ich von einem neuen Klienten erwartet wurde. Dieser hatte ebenfalls einen eigenen Stand, nur ein paar Meter von uns entfernt.

Wir waren uns auf Anhieb sympathisch. Mir persönlich fiel auf, dass wir unserem Wesen nach sehr ähnlich waren.

Ich war bereit, mit der Behandlung zu starten, doch er fragte mich, was zuvor passiert sei.

Als hätte ich nur darauf gewartet, fiel ich in seine Arme und weinte bitterlich.

Sein: »Willkommen daheim« machte es nicht besser.

Schluchzend erklärte ich ihm, dass ich in einer Behandlung Angst hatte, weil ich nicht sah, ob davon aktuell eine Gefahr für mich ausging.

Er beruhigte mich, ich beruhigte mich, und wir kamen in der Ruhe an.

Wunderbar, wenn man einen Menschen trifft, mit dem man in einem anderen Leben glücklich war und sich gegenseitig erkennt.

Entspannt lag er vor mir, und ich begann mit dem Scannen, um mir zuerst einen Überblick zu verschaffen.

Das Ausgleichen der Chakren wollte nicht so flutschen wie sonst; deshalb gab ich einen unzufriedenen Seufzer von mir.

Er bat mich, weiterzumachen, denn so intensiv wäre bis jetzt noch niemand rangekommen.

Ich gab mein Bestes. Meine Arbeit floss wie von selbst, und ich wusste, es ist das Richtige.

Alles, was ich für meine Behandlungen benötigte, war, mich zu erinnern.

Die Erinnerungen kamen in den passenden Augenblicken zu mir. So auch dieses Mal.

Der Tag sollte noch merkwürdiger werden, als er sich bereits jetzt zeigte, denn die Behandlung nahm eine ungeahnte Wendung.

Plötzlich befand ich mich mit ihm gemeinsam in einer Art Realitätssprung.

Unsere Existenz verschwamm, sie verformte sich, und zum Vorschein kam eine andere Wirklichkeit. Rausgerissen aus der Gegenwart und hineingeworfen in die Vergangenheit.

Sein Haar schimmerte rötlich, und er trug ein helles Gewand. Die langen Haare hatte er mit in dieses Leben gebracht.

Für mich ist immer wieder erstaunlich, dass wir optische Anlagen in das nächste Leben hinüberretten. Die vergängliche Hülle anzugleichen, finde ich auch heute noch bemerkenswert. Sicherlich, es braucht gewisse äußere Merkmale, um bestimmte Erfahrungen sammeln zu können.

Das war vielleicht schon des Rätsels Lösung.

Das Mitnehmen der Charakterzüge erschließt sich mir hingegen komplett und macht für mich aus verschiedenen Gesichtspunkten Sinn.

Mich selber sah ich in einem hellen Kleid, und ich hatte eine wallende Mähne.

Während ich ihn behandelte, gab er mir permanent

Feedback. Wir harmonierten wie ein eingespieltes Team. Es war offensichtlich, dass wir genau das schon in vergangenen Leben praktizierten. Dutzende Male, genau so und kein bisschen anders.

Kein Wunder lief es automatisiert; ich musste diese Art von Heilung wirklich oft angewendet haben. Alle Behandlungsdetails kamen aus mir selber heraus.

Es ist ein merkwürdiges Gefühl, nicht zu verstehen, was man tut, es aber es dennoch zu wissen.

Ich war gleichzeitig im Hier und Jetzt wie im Dort und Damals.

In einer Abschlussbetrachtung besprachen wir sein Thema, um eventuelle Unklarheiten zu beseitigen und Fragen zu beantworten.

Es war alles so vertraut. Wir waren beide in unseren zwei Leben angekommen und konnten sie teilen.

Unsicher, ob er die Bilder und Emotionen auch fühlen konnte, wünschte ich es mir für ihn.

Eingangs erwähnte er, dass er leider nicht hellsehen könne.

Weil ich es anders einschätzte, verunsicherte mich seine Aussage.

Wie aus dem Nichts nahm er mir durch seine Worte meine Verunsicherung.

»Es ist schön, dich wiederzutreffen. Wir müssen damals alles richtig gemacht haben. Wir waren so glücklich.«

Wir strahlten uns an und drückten uns zum Abschied.

Wusch! Und wir befanden uns in einer Art Hochzeitszeremonie auf einem Hügel.

Ich sah ihn an und wusste, dass er mir jetzt gleich sein Jawort geben würde.

Wie aufregend!

Ich fühlte mich wie frisch verliebt. In der Vergangenheit liebten wir uns unsterblich.

Für meinen Kopf war das nicht mehr nachzuvollziehen, mein armes Gehirn war komplett überfordert.

Ich lächelte ihn an und kokettierte unschuldig: »Sie dürfen die Braut jetzt küssen.«

Vollkommen sicher, dass er es nicht falsch verstehen und ausnutzen würde.

Immer wieder wechselten sich die Realitäten ab. Das ging blitzschnell, erst sah er so aus und dann wieder anders.

Wir hielten unsere Hände noch immer.

Ich sah uns die Wiese hinunterhüpfen, und mit einem Liedchen auf den Lippen sprangen wir in Leichtigkeit unserer Zukunft entgegen.

Da summte er im Hier und Jetzt: »Lalalaalalaa«, und deutete kurz ein Händeschwingen an.

Auch er hatte es gesehen!

Wusste ich es doch.

Wir teilten an diesem Tag unsere Vergangenheit in der Gegenwart und bewegten uns in den Zeiten vor und zurück. Es kamen die gleichen Bilder, Gedanken und Emotionen hoch.

Beides auseinanderzuhalten, fiel schwer. Einst liebten wir uns und waren Mann und Frau, und in diesem Leben sahen wir uns zum ersten Mal. Höchstwahrscheinlich würde es auch dabei bleiben.

Die Liebe überdauert die Leben, man nimmt sie mit.

Allerdings wird die Art der Beziehung aufs Neue definiert.

Und hier in diesem Leben waren wir Fremde.

Im Anschluss tauschten wir die Rollen und er half mir.

Ein Geben und Nehmen, welches die Seelen beflügelte.

Ich musste an der gespaltenen Wirklichkeit eine Weile knabbern. Es zu begreifen und zu ordnen, lag mir sehr am Herzen.

Nach einiger Zeit hatte ich eine Eingebung. Ich wollte nachsehen, was vor unserer Inkarnation passierte, bevor wir uns auf dieses Leben einließen.

Ich bekam einen kurzen eindeutigen Film. Wir fühlten uns in eine Supervision einer erstrebenswerten Welt ein.

Doch unser Blick traf auf die harte Realität.

Kopfschüttelnd sahen wir uns in die Augen, und mit den Worten »Gemeinsam einsam« sprangen wir in die aktuelle Inkarnation.

Das Ganze machte mich unglaublich traurig.

Gleichzeitig fühlte ich mich bestätigt, dass es gut so ist, wie es ist.

Trennung ist nicht das Ende, und der Weg zur Gemeinsamkeit ist verhältnismäßig kurz.

Es existiert ein gemeinsames Projekt, das uns letztlich wieder zusammenführt.

Nicht nur uns beide, sondern uns alle.

So sind wir alle winzige Teile des großen Ganzen.

Wir sind Licht.

Jeder einzigartig, mit allem, was ihn ausmacht, mit Talenten und Erfahrungen.

Leben, um zu leben, in unerschöpflichen Schattierungen, die sich uns bieten.

Groß und Klein sind relativ.

Jeder von jedem getragen.

Alles greift ineinander.

Wir sind Liebe, wir alle sind es.

Alle sind es wert, geliebt zu werden, egal, woher wir kommen und unabhängig davon, was wir leisten.

Liebe ist ein Geschenk, keine Tauschware und daher nicht verhandelbar.

Verschenk sie so viel wie möglich, und vergiss dabei niemals, Dich selber mit diesem Geschenk zu bedenken.

Nimm dankbar an, was man Dir schenkt.

Eine schöne Vorstellung, aus dem Vollen schöpfen und weitergeben, ohne Bedenken, es könne den Falschen treffen.

Es gibt keinen Falschen, jeder ist der Richtige.

Annehmen, ohne einen Gedanken an Angst und Bedingungen zu verschwenden.

Hört sich gut an und klingt nach der simpelsten Sache der Welt.

Willkommen in meinem Leben.

Heilung auf körperlicher Ebene

Nun kommen auch Begebenheiten in dieses Buch, von denen ich bei der Planung des Inhaltes noch nichts wusste. Diese wollten wohl mit aufgeschrieben werden, und manchmal wird man zu seinem Glück gezwungen.

Ich arbeite energetisch selten auf rein körperlicher Ebene.

Das hat mehrere Gründe.

Einer von ihnen ist, dass ich mich zu wenig abgrenzen kann. Das fiel mir von jeher schwer. Man erzählte mir, man hat Schmerzen im Knie, und ich fühlte darauf die Schmerzen in meinem Knie.

Ab meiner Jugend war ich so verbunden, dass mir nicht mal etwas davon erzählt werden musste, und ich hatte die Beschwerden. Aber das soll hier nicht thematisiert werden.

Ein anderer Grund, mich nicht mit den körperlichen Leiden der Menschen zu befassen, war viel relevanter.

Nach jahrelangem Behandeln kam ich zu der Einsicht, dass die Seele der Urheber von Krankheit ist und der Körper das ausführende Organ.

Wenn ich in den Sitzungen anfing, das Symptom aufzudröseln und durch Abarbeiten am Ursprung landete, stand am Ende ein kurzer, prägnanter Satz. Dieser war vollgestopft mit der dazugehörigen Emotion und direkt an die Seele gekoppelt. Von dort breitete er sich überall hin aus, alles war mehr oder minder davon befallen. Eine fette Blockade.

Beim Lösen der Verstrickungen kamen unangenehme Dinge an die Oberfläche. Schlimme seelische Verletzungen, die als Glaubenssätze fest gespeichert wurden.

Oft war ich erschrocken darüber, was ein kleines Seelchen alles tragen und halten kann.

Wenn der Satz unausgesprochen im Raum stand, empfing ich sofort die dazugehörige positive Entsprechung. Diese sprach ich hörbar aus, um das Alte aufzulösen und in Liebe loszulassen.

Heftige emotionale Reaktionen tauchten auf.

Also, warum soll ich bitte schön die Zweige beschneiden, wenn die Wurzel des Baumes so erkrankt ist, dass der Baum dahinsiecht?

Wäre es nicht sinnhafter, bei der Wurzel zu beginnen?

Oder besser noch, gesunde Samen zu setzen?

Bei einer Feier schnitt ich mir durch ein Missgeschick meinerseits ein Stück meines Zeigefingers heraus, als ich unter Zeitdruck leckere Häppchen vorbereitete.

Das war schmerzhaft, und das Blut lief nur so aus mir heraus.

Bei der Erstversorgung versuchten mir die Ärzte schonend beizubringen, dass der Finger nie mehr so aussehen würde wie früher, da ein Stück fehlte.

Worauf sich mein Galgenhumor ein Lächeln der Ärzte abholen wollte.

»Kann ich also meine Karriere als Handmodel abschreiben.«

Abends weinte ich in mein Kissen und danach in die starken Arme meines Mannes. Nachdem der Druck abgebaut war, beschloss ich, dass mir egal ist, was die Ärzte sagten, da ich einen gravierenden Vorteil hatte. Den wollte ich für mich nutzen und fing an, mich zu behandeln.

Ich behaupte von mir selber, dass ich von rein körperlicher Heilung wissentlich keinen Plan habe. Da brauchte ich einflussreiche Hilfe und rief alle, die mir in den Sinn kamen.

Ich bat darum, auf mein gesamtes Wissen zurückgreifen zu können, vom Anbeginn an und in allen Dimensionen und auch auf das Davorwissen. Bis heute kann ich nicht genau definieren, was eigentlich »Davorwissen« ist. Ich weiß nur, es existiert.

Vertrauensvoll ließ ich geschehen, was das Beste für mich sei.

Automatisch startete ich damit, eine Art goldenes Gitter aus funkelndem Licht zu bauen. Beginnend am Rand der Wunde, versuchte ich den Hohlraum mit dem strahlenden Geflecht auszufüllen. Wie genau es aussah, ist am besten mit einem Netz zu vergleichen, welches fleißig von einer Spinne gewebt wird. Mein Körper zeigte mir sofort eine Resonanz: ein hämmernder Schmerz und ein warmes Kribbeln zugleich.

Ich stellte sicher, dass dieser Vorgang auch ohne mein bewusstes Dazutun weiterlaufen würde, um andere Wege der Behandlung auszuschöpfen. Im Strom der Möglichkeiten ließ ich mich treiben und strandete bei einem Gespräch mit meinem Finger. Ich begann, mit ihm zu reden. Ich motivierte ihn, wie ich es bei einem Kind getan hätte, das sich nicht traute, etwas zum ersten Mal zu tun. In meinem Redeschwall wurde ich sachlicher und erinnerte ihn daran, dass er seinen eigenen Bauplan am besten kennt. Dass er weiß, wo er anfängt und wo er aufhört und aus welchem Zellmaterial er bestehen müsse. Ich wollte sicherstellen, dass mir nicht irgendwelche entarteten Zellen wachsen oder etwas ganz Merkwürdiges wie ein neuer Knochen.

Hätte ich zu dem Zeitpunkt auf mich und mein Wissen und auf meinen Finger vertraut, hätte wohl der Satz genügt: Lieber Finger, du kennst deinen Bauplan, also wachse und baue dir deine Materie auf, so, wie es laut göttlichem Bauplan sein soll. Bitte werd wieder wie neu!

Und so wäre es geschehen.

Aber ich wollte alles ausschöpfen, was ging.

Durch diesen Behandlungsrausch konnte ich mich anschließend an keine einzige weitere Methode erinnern.

Ich war fix und fertig.

Zum Abschluss bestellte ich mir eine Rückmeldung vom Arzt.

Zwei Tage danach hatte ich einen Kontrolltermin in der Notaufnahme des Spitals, was theoretisch nicht möglich war, da dort prinzipiell nicht nachbehandelt wurde. Praktisch bekam ich aber einen Termin, da sich mein Hausarzt eine Woche auf Weiterbildung befand und mein Finger an der Schnittstelle schwarz wurde.

Es lebe die Praxis!

Die Ärzte versorgten die Wunde und versuchten, mir nochmals klar zu machen, dass das zu erwartende Endergebnis vom Normalzustand stark abweichen würde.

Also behandelte ich mich daheim wieder selber.

In der Nacht träumte ich unerwartet von meinem Finger.

Er sah verheerend aus, zwar zusammengewachsen, aber mit einer vernarbten Delle. Kein schönes Bild und auch keine schöne Aussicht auf das Endergebnis.

Am Tag darauf telefonierte ich mit meiner Freundin Andrea. Sie meinte, ich solle weitermachen und meinem Zeigefinger liebevolle Zuwendung schenken. Also tat ich das und bat meinen Ehemann, mich ebenfalls zu behandeln. Ich webte weiter und unterbreitete meinem Finger die schönsten Liebeserklärungen.

In dieser Nacht träumte ich wieder von meinem Finger.

Das Bild war nicht vergleichbar mit dem vorhergehenden Traum. Der Finger sah normal aus. An der Stelle, wo das Loch war, hatte er nur zwei winzige dunkelbraune Punkte.

Am nächsten Morgen fragte ich meinen Mann, ob er am Abend etwas an meinem Finger gemacht habe.

»Wieso, ist es nicht besser?«, war seine aussagekräftige Antwort.

Ja, es war besser, die Schmerzen waren komplett weg.

Natürlich wusste ich, dass er an meinem Finger gearbeitet hatte, wollte es aber zu meiner Beruhigung noch mal hören.

Mit einem mulmigen Gefühl fuhr ich zum vierten Mal ins Spital.

Auf dem Weg nahm ich mir vor, ein Foto meines Fingers zu machen. So konnte ich mich mit genügend Abstand an seine neue Erscheinung gewöhnen.

Ich wünschte mir, dass der behandelnde Arzt sehr freundlich sein würde und genau die Person, die mir helfen könne.

Im Wartebereich der Notaufnahme hatte ein Pärchen den größten Stress miteinander.

Nach gefühlten Stunden wurde ich erlöst, und ein charmanter Arzt holte mich ab. Er unterhielt sich schon auf dem Weg zum Behandlungszimmer mit mir und nahm mir meine Aufregung.

Nicht nur mein Finger war Thema, sondern auch unsere Heilmethoden standen auf dem Prüfstand.

Ich saß am Behandlungstisch, er löste den Verband, und es fühlte sich unempfindlicher an als vor zwei Tagen.

»Das sieht super aus!«, gab er begeistert von sich.

Meine Freude schmälerte ich mit dem Gedanken an Relativität und Trost.

»Super« ist ja ein völlig subjektiver Begriff. Und orientiert sich in meinem Fall sowohl an meiner eigenen Ausgangssituation wie auch an allen anderen Wunden, die dieser Arzt bisher gesehen hatte.

Unfähig, auf die Wunde zu gucken, weil ich immer noch das Lochbild im Hinterkopf hatte, starrte ich aus dem Fenster. Dabei beschloss meine Angst, den Verband nach Behandlungsabschluss weiter zu tragen. So konnte ich mich in meinem Tempo an den neuen Ist-Zustand gewöhnen und einen Schock vermeiden.

Der leitende Arzt kam dazu, guckte auf meinen Finger und lächelte. Auch er meinte, dass die Wunde super aussähe.

Ich war erleichtert und gleichzeitig irritiert.

Indem ich das Fleisch meines gesunden Zeigefingers nach innen drückte, wollte ich abklären, wie das Endergebnis aussehen würde.

Der leitende Arzt wiederholte sich.

Die Kommunikation war gestört.

Ich hatte das Gefühl, dass ich nicht verstanden wurde, und dass auch ich die beiden nicht verstand.

Gut, also alles auf Anfang.

»Vorgestern wurde mir mitgeteilt, dass mein Finger nie wieder so aussehen werde wie vorher.«

Sie lasen nochmals den Befund und waren nun ihrerseits verunsichert.

Bis dahin hatte ich nicht gewagt, auf meine Wunde zu schauen, aber meine Neugier war geweckt.

Ich bat den Arzt, ein Foto mit meinem Handy zu machen, um mich schonend dem Anblick zu nähern. Er erklärte sich sofort bereit und schoss zwei Bilder.

Es kostete mich eine gehörige Portion Überwindung, auf das Display zu sehen. Zögerlich blickte ich auf die Fotos. Sie waren leicht verschwommen. Aber er war ja auch Arzt und kein Fotograf.

Ermutigt sah ich auf die Wunde. Kein Vergleich zu dem Anblick, der sich mir zwei Tage zuvor geboten hatte.

Ich war verständlicherweise außer mir vor Begeisterung.

»Das Loch ist fast weg, das ist ja Wahnsinn!«

Nun freuten sich beide sichtlich mit mir, und der leitende Arzt beruhigte mich.

»Er wird wieder wie früher. Sie verfügen wirklich über eine außergewöhnliche Wundheilung!«

Wenn der wüsste, wie ich daran geackert habe!

Innerlich schlug ich Purzelbäume, zelebrierte Freudentänze und stimmte Lobgesänge an. Das Loch war fast vollständig zugewachsen.

Ich kann nicht beschreiben, wie glücklich mich das in dem Moment gemacht hat und welche Last von mir abfiel. Es ging nicht nur um meinen Finger, sondern auch um die Wirkung unserer Behandlungen.

Auf dem Heimweg wurde ich von Dankbarkeit komplett eingehüllt.

Wie glücklich konnte ich mich schätzen, diese enorme Hilfe erhalten zu haben.

Meine Freudentränen untermalten die Stimmung.

Willkommen in meinem Leben.

Vier Monate später war alles verheilt, nichts mehr zu sehen außer einer winzigen Narbe.

Welch schöner Ausgang.

ERWACHT IN ETWAS VERGESSENEM

Zu meiner ersten Rückführung wurde ich ganz sanft und millimeterweise geleitet.

Über Monate hinweg hatte ich aus dem Nichts und scheinbar unmotiviert ein und dasselbe Gedankenbild vor mir.

Ich vermute, dass das viel öfter passierte, als es mir heute bewusst ist.

Es handelte sich um einen Schnappschuss, welcher auch einer Erinnerung aus meinem jetzigen Leben entsprungen sein könnte. Dadurch war es zunächst für mich unauffällig, denn unsere Erinnerungen schleppen wir alle mit uns herum. Die schönen ebenso wie die, an die man sich lieber nicht mehr erinnern mag.

Dieses Bild eröffnete mir eine karge Wüstenlandschaft, wie auf einem Foto, das ich in einem Urlaub geschossen haben könnte, mehr nicht.

Eines Tages fiel mir auf, dass mit diesem Erlebnis etwas nicht stimmen konnte. Es machte mich stutzig, und ich versuchte, mich an die Erinnerung zu erinnern.

Ich kann von mir behaupten, dass ich über ein Elefantengedächtnis verfüge. Doch hier ließ mich mein Dickhäutervorteil im Stich.

Dieses Wüstenszenario kam oft zu mir, und, wie ich schon erwähnte, wenn sich etwas wieder und wieder zeigt, hat es etwas zu bedeuten.

Was die Bedeutung dieses Bildes anging, war die Zeit der Offenbarung gekommen. Mir fehlte nur der passende Schlüssel.

Na, wenn es weiter nichts war, dann brauchte ich lediglich nach ihm zu suchen.

Wann immer ich ohne bewussten Plan bin, werde ich sachlich und pragmatisch. Beobachten vereint beides.

Ich sah mir die Wüste also genauer an und bemerkte, dass es sich auch ganz anders anfühlte als eine bloße Urlaubserinnerung. Es war echter, gegenwärtiger und schien real.

Wie ich mich so in mein Wüstenbild einlebte, spürte ich Wind auf meiner Haut. Richtige Luft. Der Wind konnte aber nicht real gewesen sein. Ich war in meinem Wohnzimmer und alle Fenster und Türen geschlossen. Wie war das denn möglich?

Den gefühlten Luftzug konnte ich mir nicht weganalysieren.

Es gab nur eine Erklärung: Das Land, in dem sich die Wüste befand und ich in ihr, war vollkommen wahrhaftig.

Unabhängig davon, dass mein Kopf der Meinung war, dass mein Körper bei mir im Zimmer stand.

Nach Minuten des Einfindens lief dieses Bild von alleine weiter wie ein Film.

Das tat es nie zuvor!

Es konnte nur daran liegen, dass ich mich zum ersten Mal wirklich damit beschäftigte.

Meine Atmung wurde flacher, ich begann zu schwitzen und hörte meinen eigenen Herzschlag. Die Symptome kamen denen des Lampenfiebers nahe.

Es wurde spannend. Wie spannend es später noch werden sollte, durfte ich einige Wochen danach erfahren. Oftmals geht es in Rückführungen um Leben und Tod. Das liegt schon in der Natur der Angelegenheit.

Ich befand mich in dieser Wüste, sah die sandigen, hohen Berge am Horizont, die Farben waren bleich durch die Einstrahlung der Sonne.

Als mein Körper die Hitze der Umgebung wahrnahm, wurde die Geschichte zu einer Rundum-Sinneserfahrung. Da spürte ich eine sanfte Brise, die meine Haut angenehm kühlte.

Ich hatte keinen Schimmer, dass ich bereits mitten in meiner ersten Rückführung war.

Die Andersartigkeit dieses Traumtänzelns war mir jedoch durchaus bewusst.

Und wie ich so meinen mentalen Kurzurlaub genoss, machte ich einen Schritt nach vorn.

Die Nicole, inmitten der kargen Natur, wollte losgehen.

An diesem Punkt stellte ich mir die Frage, weitermachen oder abbrechen?

Mein Herz raste, meine Hände waren eiskalt.

Angst hielt mich nie ab, eine Bühne zu betreten.

Natürlich machte ich weiter!

Ich war neugierig auf diesen multidimensionalen Film. Er erschien mir verlockender zu sein als das zur Alternative stehende Fernsehprogramm.

Ich setzte einen Fuß vor den anderen und sah an mir herunter. Es bestand kein Zweifel mehr daran, dass ich selber diese Person war und diese Füße zu mir gehörten.

Der Boden war unregelmäßig gepflastert mit hellen Sandsteinen, die einen langen Weg symbolisierten. Weshalb ich dort entlang lief, wusste ich nicht.

Am Ende des Weges erblickte ich, wenn auch nur verschwommen, ein Steingebilde.

Der Film stoppte von alleine, und ich beließ es dabei.

Wir spulen mein Leben ein paar Monate nach vorn. Ich war mit Marion zu Gast bei einer Gesundheits- und Heilmesse, weil sie einer Bekannten versprochen hatte, kurz vorbei zu schauen.

In den Räumlichkeiten fühlten wir uns unwohl, und auf die Energien, die dort zu Gange waren, hätte ich gern verzichtet.

Es gibt keine Zufälle, und auch ich war aus einem bestimmten Grund dort, all den störenden Umständen zum Trotz.

Wir kamen zu der besagten Bekannten und unterhielten

uns oberflächlich. Sie war ebenfalls hellsichtig, und daher fragte ich sie, ob sie etwas über mich bekommen würde, ob irgendetwas anstünde.

Als sie mich ansah, verschwamm ihr Blick.

Für mich war es interessant zu sehen, wie sich ein Körper verändert, wenn man seine Gabe öffnet. Mich selber hatte ich dabei noch nie betrachtet.

Sie riet mir zu einer Rückführung.

Ich hatte eine leise Ahnung, was sie damit ausdrücken wollte. Eine ganz leise.

Sie meinte, dass sie morgen noch Zeit hätte und ich bei ihr eine Stunde buchen könnte. Wir würden uns das Thema ansehen und die Problematik im Anschluss auflösen.

Das fühlte sich für mich nicht gut an.

Rückführung? Ja.

Auflösen? Ja.

Mit ihr? Nein.

Obwohl ich ihr vertraute, war sie wohl nicht die richtige Begleiterin für mich.

Sie sagte, dass das Leben, welches bearbeitet werden muss, derzeit stark mitschwingt und man mir sogar noch das Ägyptische ansehen würde.

Plötzlich erinnerte ich mich an meine Wüstengeschichte; der Schauplatz hätte wirklich Ägypten sein können.

Ich erzählte davon, dass ich einen Weg entlang schritt.

Darauf sie: »Deinen Thron hast du ja auch schon gesehen.«

Aha, das große, steinerne Ding am Ende des Ganges war also ein Thron.

Da wäre ich jetzt niemals drauf gekommen.

In meiner Erinnerung war er zu weit entfernt, um Einzelheiten sehen zu können.

Währenddessen hatte sich in meinem Kopf das Wort »auflösen« eingefressen.

Und ich verspürte die Tendenz, mich von der Bekannten zu verabschieden.

Einem Anteil in mir schien der Gedanke an Auflösung nicht sonderlich zu gefallen. Dieser sendete mir vorsichtshalber das hemmende Gefühl von Angst. Aus Angst ergibt sich ein gewisser Humor, und aus dieser Intention heraus reagierte ich aufgedreht.

»Ich hab das Gefühl, mir geht es dort gut!«, und sowohl beschämt als auch begeistert führte ich fort: »Und ich sehe gut aus.«

Ich hatte einen eigenen Thron, und es schien mir an nichts zu fehlen. Ich wollte doch da nichts auflösen!

Wie sehr man sich doch täuschen kann.

Mir wurde bewusst, dass Auflösung in einem vergangenen Leben sich zwangsläufig auf das jetzige auswirkt.

Die Frau lächelte.

»Da sind aber Themen, die gesehen und gelöst werden möchten!«

Ratlos entgegnete ich ihr, dass ich nicht weiter käme als bis zu der Stelle, an der ich loslief.

»Ich bin dort ganz allein. Ich sehe niemanden.«

Jetzt lachte sie schelmisch.

»Ja, vor dir ist niemand!«

Daraus schlussfolgerte ich, dass sich in meiner Nähe ein

Mensch aufhielt, mit dem ich mich gemeinsam in der Szene befand. Ich war also nicht alleine. Zwar fand keinerlei Unterhaltung statt, aber man muss ja auch nicht permanent quatschen. Ruhe kann wundervoll sein.

Für das Gespräch und den Tipp war ich der Frau dankbar. Es brachte mich vorwärts.

Meine Rückführung musste am gleichen Tag über die Bühne gehen, da ich am folgenden abreisen wollte.

Wir starteten das Projekt Rückführung am Abend, und diese gefühlten sechzig Minuten nahmen eine Zeit von über sechs Stunden in Anspruch.

Das versetzte mich im Anschluss zusätzlich in eine Schockstarre. Zumal diese sechs Stunden zu den bemerkenswertesten und abgedrehtesten Erfahrungen gehörten, die ich bis dato erlebt hatte.

Die ersten Auswirkungen im jetzigen Leben durfte ich auf meiner Rückreise an einer Tankstelle auskosten. Zum ersten Mal nahm ich wahr, mit welchen Blicken mich Männer ansahen. Ich erschrak, und ein Teil von mir sehnte sich nach der gewohnten Blindheit für solche Blicke zurück.

Alles, was mir durch die Rückführung bewusst geworden war, wollte verdaut werden, und einige Änderungen brauchten Monate, um sich zu zeigen.

Man lernt durch Anwenden, durch ständiges Wiederholen bestimmter Abläufe.

Um nicht unausgebildet auf die Allgemeinheit loszugehen, übte ich vorerst mit mir selber.

Wenn ich das Angebot der Bekannten angenommen hätte, wäre mein Leben anders verlaufen.

Ohne ihre Hilfestellung hätte ich meinen Weg nicht gehen können. Beide nicht, sowohl den in der Wüste als auch meinen Lebensweg. Zumindest vorerst.

Ich beschäftigte mich täglich damit, hatte ich ja Unmengen von Leben hinter mir gelassen und somit genug Material.

Jede Rückführung glich einem Kinobesuch. Meine Blockbuster lieferten lebensechte Bilder, Gefühle, Personen und Geschichten, mit mir in der Hauptrolle. Das bot alles an Intensität, was man sich nur erträumen konnte. Albträume leider inbegriffen.

Die Anfragen meiner Freunde für Rückführungen häuften sich; deshalb widmete ich mich auch ihnen.

Wie meine Omi immer sagt: »Üben, üben, üben und einen Fuß vor den nächsten setzen.«

Das ist wie bei jeder Arbeit, je öfter du etwas tust, umso besser wirst du. Spezialisierung durch Häufigkeit der Aktion.

Was hatte ich davon?

Mir öffnete sich eine Welt mit Antworten auf das menschliche Sein, Einblicke in Mechanismen, Ausflüge in die Geschichte, Erkennen psychologischer Prozesse und Berührung mit dem Universum.

Wahrheit und Wirklichkeit zeigten sich so umfassend, dass sich meine eigene Sichtweise neu ordnete und relativierte.

Was mein persönliches Umfeld in einem ungewohnten

Licht erstrahlen ließ, da ich jetzt Ursache und Wirkung kannte.

Auch mein eigenes Selbst kam zum Vorschein.

Nicht, dass ich mein bisheriges Leben weit von mir entfernt führte. Aber das Feintuning erlebte ich als eine zutiefst befriedigende Aufgabe.

Einige Werkzeuge, die mir zur Verfügung gestellt wurden, stellten sich als zweckdienlich heraus. Wobei die Frage ist, ob ich diese selbst kreiert oder nur genutzt habe.

Es ist unerheblich.

Ich fand heraus, dass ich den jeweiligen Film beliebig vorspulen konnte, indem ich darum bat, zum nächsten Aspekt geführt zu werden.

Damit dauerte keine folgende Rückführung so viele Stunden wie die erste.

Wer möchte auch schon eine kleine Ewigkeit in seiner eigenen Vergangenheit abhängen, wenn eine knackige Variante zur friedvollen Aussöhnung mit dem eigenen Zeitstrahl existiert.

Außerdem fand ich eine Pausetaste, um mich in brenzligen Situationen zu retten, zu erden und das weitere Vorgehen zu überdenken.

Meine Arbeit mit der Geschichte der Seelen fiel mir zunehmend leichter, weil ich mich in den vergangenen Leben nicht mehr verlor.

Channeling mal umgekehrt

Unglaublich, dass man nach all den Jahren auch noch höchstüberraschende Erfahrungen macht. So wird es niemals langweilig. Eine davon machte ich vor nicht allzu langer Zeit.

Ich lag morgens eine Weile im Bett und döste vor mich hin.

Auf einmal überkam mich ein Zustand, der mich stark an eine Hypnose erinnerte. Das Trancegefühl erreichte mich in regelmäßigen Abständen, weshalb ich ihm ohne Bedenken nachgeben konnte.

Ich war sicher schon ein paar Minuten ausgeknipst, als meine Seele sich aus meinem Körper bewegte. Erst war es ein zaghaftes Schweben, ich nahm noch einen Bezug zu meinem Körper wahr. Dann flog ich höher, aus dem Zimmer, aus dem Haus und fand mich im Nachthimmel wieder, der im Schein der Sterne eine atemberaubende Kulisse bot.

Die Reise begann, und dem Schweben folgte ein Fliegen. Ich nahm Geschwindigkeit auf und sah um mich herum etwas, das mich an unser Universum erinnerte. Als wäre ich irgendwo im All.

Das Tempo erhöhte sich, rasend wurde ich schneller als das Licht. Mir war, als hätte ich keinerlei Kontrolle mehr darüber, was mit mir passierte. Mein Gefühl für Zeit und Raum verschwamm und löste sich vollends auf.

Im Rausch der Geschwindigkeit spürte ich einen Sog; etwas Unbekanntes zog mich sanft zu sich.

Ich wusste nicht, wo ich bin.

Ich wusste nicht, wann ich bin.

Ich wusste nur, ich bin.

Ich ließ den Versuch los, alles gedanklich einzuordnen und gab mich ausschließlich der Bewegung hin. Weil die jeweiligen Kategorien in meinem Bewusstsein noch nicht existierten, glaubte ich, auch gar keine andere Chance zu haben.

Der Sog wurde kräftiger, bis ich plötzlich stoppte. Vollbremsung.

Wo auch immer ich mich befand, es war das Ziel meiner weiten Reise.

Ich fühlte mich nicht nur am Ort angekommen, sondern war in meiner absoluten Mitte und geerdet. Doch die Erde schien Lichtjahre von mir entfernt zu sein und außerhalb meiner Reichweite.

Ohne den Hauch einer Ahnung, wo ich da gelandet war, sah ich mich vorsichtig um.

Was ich erblickte, war unbeschreiblich schön: ein

traumhaftes, betörendes, violettes Licht. Alles um mich herum erstrahlte im wärmenden Glanz. Das Licht vermochte dir, wie die Liebe, den Atem zu rauben. Ja, ich glaube, man kann es am ehesten als Licht bezeichnen, obgleich es auch ein alles umfassender Gesamtzustand war. Wir sind Licht.

Alles um mich herum war eingetaucht in diese Farbe, dieses Lila, wie ich es kenne.

Ein seliger Frieden herrschte.

Stille, unbegreifliche Stille konnte ich hören.

Ich war so im Reinen und so entspannt, es war wunderschön. Ich genoss es.

Nachdem ich mich eingefunden hatte, begann ich, vom Genussmodus in das Denken zu wechseln.

Ich stellte mir zwei Fragen: Was passiert? Wo befinde ich mich?

Glücklicherweise brachte mich mein Denken aber nicht aus dem erreichten Bewusstseinszustand heraus. Er hielt. Und die Gedanken konnten mich nur vorwärtsbringen.

Meinen daheim gelassenen Körper hatte ich überhaupt nicht mehr auf dem Schirm.

Ich lenkte meine Aufmerksamkeit gezielt auf Details, um Anhaltspunkte zu bekommen.

Zunächst bemerkte ich, dass ich mich in einem Körper befand, einem lebendigen Gefäß. Ich hatte eine Hülle, die nicht mir gehörte, und dennoch war sie in diesem Moment ich.

Da wusste ich, was passiert war.

Was ich die ganze Zeit bei meiner Arbeit mit meinen

energetischen Gästen veranstaltete, geschah nun erstmalig mit mir. Es wurde abgewandelt und verdreht.

Genial, was ich da erlebte!

Es war ein Glück, auch die andere Seite kennenzulernen.

Ich hatte nicht darum gebeten, in jemanden einzuziehen. Gut, die meisten Wesen, Menschen und Engel, die ich in mich hole, bitten auch nicht darum. Aber ich bitte sie und lade sie von Herzen zu mir ein. Diese Einladung können sie annehmen oder ablehnen. Ich hatte für meine Reise keine Einladung bekommen, zumindest keine, die mir bewusst war.

Jede Dimension und jedes Wesen muss den freien Willen respektieren. Das ist die Regel.

Also war es gut so, wie es war.

In dieser wunderbaren Atmosphäre verweilte ich und sah an mir runter. An mir herunterzusehen, ist anscheinend ein von mir bevorzugter Automatismus, auf den ich in außerkörperlichen Erfahrungen gern zurückgreife.

Und da sah ich sie.

Kleine Füßchen.

Keine Ahnung, was ich erwartet hatte, aber menschlich aussehende Füße eher nicht.

Ich betrachtete sie eingehend, sie schienen wirklich winzig zu sein.

Möglich, dass die Gestalt, die ich wahrnahm, nicht der Wirklichkeit entsprach. Vielleicht wurde mir ein Bild gezeigt, mit dem ich etwas anfangen konnte.

Ich vermutete, dass es Kinderfüße waren; für mich sahen sie durch ihre kompakte und knubbelige Form so aus. Sie waren nicht körperlicher oder materieller Struktur, auch sie bestanden aus einer Art Licht. Sie schienen durchlässig, grenzten sich aber klar von der Umwelt ab. Milliarden Lichtpartikel ergaben im Ganzen ein Fußbild.

Mein Kopf sagte mir, dass ich in einem Kind bin.

Diese Ordnung erlaubte mir, mich wieder verstärkt auf das Gefühlte einzulassen.

Ich spürte hinein.

Ich kannte dieses Gefühl!

Oh ja, und wie ich es kannte. Diese Verbindung, diese Reinheit und Klarheit, die Übereinstimmung auf seelischer Ebene war mir vertraut und ein Zuhause. Mein Verstand, mein Herz, einfach alles in mir, an mir und um mich herum hatte keinen Zweifel daran, in wem ich angekommen war. Ich befand mich in meiner Tochter und begrüßte sie.

»Liebe Nala, meine kleine Maus, ich bin da. Nach all der Zeit bin ich zu dir gekommen und nicht du zu mir.«

Sie hatte mich eingeladen, weil es mir in den letzten Monaten unmöglich war, sie zu mir zu holen. Dort wo sie weilte, konnte sie mich rufen, und ich bin ihrer Einladung gefolgt.

Meine Seele wusste wohl zu Beginn meiner Reise, was mich erwarten würde. Das wäre eine Erklärung dafür, dass ich zu keinem einzigen Zeitpunkt Angst verspürte.

Einfach wundervoll, ich war wieder mit meiner Tochter vereint. Ein unglaubliches Gefühl, nach all der Zeit ohne einander.

Diese Verschmelzung hielt ich eine Weile. Wie lang das in irdischer Zeitrechnung war, vermag ich nicht zu sagen.

Wir verbanden uns zu einer perfekten Einheit und waren absolut deckungsgleich, bis wir es auflösten.

Ich war hellwach, berauscht von unserer Begegnung. Sofort bedankte ich mich für das außergewöhnliche Treffen mit einer Seele, die ich aus vergangenen Tagen kannte.

Nicht im Entferntesten hätte ich mir vorstellen können, jemals so etwas Großartiges erleben zu dürfen.

Welch Geschenk, welch segensreiche Erfahrung.

Danke!

NOTIZ AN MICH SELBER

Zu einer Zeit, in der ich mich verstärkt mit Rückführungen beschäftigte, war für mich entscheidend, den Hintergrund für Inkarnationen zu klären.

Dass ich nach jeder Wiedergeburt so viel Zeit verplempern musste, um auf den aktuellen Stand meiner Seele zu kommen, erschien mir überflüssig.

Ich dachte mir: Nicole, du bist doch einigermaßen schlau, und zudem bist du minimalistisch. Du hättest dir selber im letzten Leben ganz sicher Hinweise gegeben, dass du auf Lösungen kommst, wenn existenzielle Fragen auftauchen. Du würdest dadurch nicht immer wieder von vorne anfangen müssen!

Ja, es entspricht meinem Wesen voll und ganz, daher ist es für meinen Verstand einleuchtend und logisch.

Ich stellte mir eine Reihe von Fragen:

Welche Spuren habe ich gelegt?

Wie viele Leben praktiziere ich das schon?

Was tat ich, um die Zeichen als die von mir stammenden zu erkennen?

Ich müsste die Hinweise sichtbar machen.

Aber wie?

Ich werde auch im nächsten Leben einen Körper besitzen. Nicht diesen, einen anderen, und dennoch kann ich in ihm etwas verstecken. Symbole, Zeichen oder Bilder, aber die kann ich vielleicht nicht sehen, weil ich die dazugehörende Dimension nicht finde.

Ich könnte eine von diesen sogenannten Krankheiten installieren.

Die beginnen in der Seelenebene und strahlen auf den Körper aus. Diese Störungen werden mich schmerzen und so an etwas Bestimmtes erinnern. Schmerzen sind nichts Schönes!

Nun gut, aber bin ich heute nicht so weit, dass ich weiß, dass mein Körper nur ein Körper ist? Er mich in diesem Leben begleitet und ich selber so viel mehr bin?

Wir sind alle so viel mehr.

Wenn uns unser Körper durch ständiges Piesacken immer wieder an den versteckten Hinweis erinnert, werden wir irgendwann genau hinsehen müssen. Dann beginnen wir mit der Suche nach Ursache und Wirkung. Und hoffentlich erkennen wir, was wir in unserem Körper für uns an einem sicheren Ort verschlüsselt haben.

Dann erinnern wir uns.

Wir wissen, was wir uns selber sagen wollten, und unser Informationsträger hat seinen Sinn erfüllt.

Wir benötigen ihn nicht mehr als Gedankenstütze, und die Schmerzen und das Leiden dürfen gehen.

Finde ich das sinnvoll?

Mein Kopf sagt nein, und dennoch habe auch ich es getan.

Habe ich den Inhalt schon entschlüsselt?

Ja, ich habe begonnen, doch es fehlen noch ein paar Schritte zur völligen Auflösung.

Schaffe ich das in diesem Leben?

Ja, ich schaffe das.

Würde ich mich für ein kommendes Leben wieder so entscheiden?

Ich kann es nicht genau sagen.

Wahrscheinlich würde ich erst andere, feinere Varianten ausprobieren. Ich würde dimensionsübergreifend arbeiten, es Seelen anvertrauen, mit denen ich mich auf Erden verabrede, von denen ich glaube, sie könnten mich an mich erinnern. Das hat in diesem und in vorherigen Leben ja auch wunderbar funktioniert.

All mein Wissen ist pure Erinnerung und daher wahrhaftig.

Ja, ich kenn mich, ich geh gern auf Nummer sicher.

Vorstellbar, dass ich im nächsten Leben auch wieder das eine oder andere Wehwehchen für mich beanspruche, um meine eigene Nachricht zu erhalten. Nichts Schlimmes; es muss mich nur permanent erinnern. Ich bin überzeugt, dass sanfte Anschieber genügen, um meine Aufmerksamkeit zu gewinnen. So braucht mein Erinnerungstool nicht in Katastrophen auszuufern.

Im nächsten Leben werde ich sehen, ob das Sicherheitsnetz und der doppelte Boden zum Einsatz gekommen sein werden.

Was wäre noch als Informationsträger denkbar?

Ich könnte mir Hinweise aufschreiben.

Ein Brief ist für mich im nächsten Leben nicht mehr zugänglich, da er in Privatbesitz ist oder vernichtet wurde.

Ein Buch wäre am sichersten.

Nur, woran erkenne ich, dass es von mir geschrieben worden ist?

Mein Name wäre ein anderer.

Oder wüsste ich beim Lesen sofort, dass die Worte aus meiner Feder flossen?

Würden mein Buch und ich uns finden?

Die Idee, ein Buch zu schreiben, befinde ich prinzipiell für gut. Es müsste allerdings schon ein Bestseller sein; so würde ich es leichter entdecken und bräuchte mich nicht durch die Keller der Bibliotheken zu wühlen. Die Wahrscheinlichkeit, in einem einzigen Leben fündig zu werden, ist da verschwindend gering, behauptet der Verstand.

Bei all diesen Überlegungen blitzt eine Frage auf.

»Sabotiere ich mich derzeit selber?«

Es ist der Selbstfindung, des Wiederfindens der eigenen Spuren nicht dienlich, auf Bücher zu verzichten, weil man glaubt, es sei der ehrliche Weg zum eigenen.

Notiz an mich selber: »Nicole, du darfst nach Abschluss deines Buches wieder lesen!«

Wie sollten wir uns sonst finden?

OMI ELSBETH

Wer konnte ahnen, dass Du dieses Buch nicht mehr in deinen Händen halten würdest?

Ja, ich weiß, dass ich es eigentlich wusste. Doch glauben wollte ich es nicht.

Nach jedem Strohhalm habe ich gegriffen. Nur genützt hat es nichts.

Meine Erlebnisse und die damit verbundenen Hochs und Tiefs sind Dir alle bekannt.

Was haben wir gemeinsam gelitten, darüber gestaunt und gelacht!

Ich fühlte mich geborgen, weil Du an meiner Seite warst. Du fehlst.

Ich danke Dir.

Ich liebe Dich.

MACHEN SIE ES!

Man kann einiges tun, um seinen eigenen Kanal zu öffnen. Auch wenn ich geöffnet in die jetzige Inkarnation eintrat, beobachtete ich, wie es anderen Menschen gelang, ihren Kanal zu öffnen und zu stärken.

Es gibt da eine Menge von gangbaren Wegen.

Selbst zu erfahren, ist der überzeugendste.

Begeben Sie sich auf das Abenteuer, wenn Sie es von ganzem Herzen möchten.

Dann wird es auch der perfekte Zeitpunkt dafür sein.

Eine Portion Mut gehört dazu.

Spielerisch und unbedarft mit den Themen umzugehen, erleichtert vieles.

Begegnen Sie allem mit dem gebührenden Respekt!

Nicht indem Sie aufschauen, sondern indem Sie sich verneigen.

Liebe und Demut sind die Schlüssel.

WIE LADE ICH HELFER EIN?

Es ist wie im täglichen Leben. Eine von Herzen kommende Einladung schlägt man nicht aus. Deswegen seien Sie herzlich und bündeln all das, was Ihnen an Liebe zur Verfügung steht.

Legen Sie sich emotional ins Zeug.

Beginnen Sie in einer ungestörten Atmosphäre, Sie vermeiden Ablenkungen und erhöhen die Konzentration. Je sicherer Sie sich dabei fühlen, umso unabhängiger werden Sie von Begleitumständen. Dann ist egal, wo und mit wem Sie sind.

Vergessen Sie niemals, dankbar zu sein.

Vielleicht müssen Sie es nicht immer kommunizieren, weil Sie ein Mensch sind, bei dem die Dankbarkeit permanent mitschwingt.

»Lieber einmal öfter als einmal zu wenig!«, ist mein Motto.

WIE ATME ICH?

Unsere Atmung wird unterschätzt, weil sie ein Reflex ist, um den wir uns nicht kümmern müssen. Sie läuft irgendwie so nebenbei, ist lautlos und unscheinbar.

Eine Sichtwende entwickelte ich in meiner Ausbildungszeit zur Musicaldarstellerin.

Ich erlernte eine ökonomische Atmung, welche sowohl für den Gesang als auch für den Schauspielbereich unabdingbar war.

Zu dieser Zeit war mir nicht bewusst, welche gravierenden Nebeneffekte eine wahrhaft tiefe Atmung mit sich bringen würde. Die da wären: Öffnung, Erdung, Lösung, Kontakt, Reinigung, Versorgung, Bereitschaft, Verbindung, Energiequelle, Befreiung, um nur eine Auswahl zu nennen.

Was Atmung zu bewirken vermag, erkannte ich erst, nachdem ich anfing, selber zu unterrichten.

Im Gesangsunterricht baut man zuerst ein solides Fundament auf, welches aus korrektem Stand und der ökonomischen Atmung besteht.

Wenn meine Schüler die Ausgangshaltung eingenommen hatten, setzten wir mit dem Training ein.

Das funktionierte meist nicht sofort, also tasteten wir uns ran.

Auch hier gilt: »Üben, üben, üben« Dann klappt es.

In dem Moment, wo der Atem das erste Mal durchfloss, fingen viele der Schüler an zu weinen.

Anfangs irritierte mich das, irgendwann sah ich die Tränen als normale Reaktion und war darauf vorbereitet.

Ich kann jedem eines ans Herz legen.

»Lernen Sie atmen. Atmen hilft.«

Ich werde Ihnen eine vereinfachte Anleitung zum Erlernen der Bauchatmung geben.

Wenn Sie sich trotz wiederholten Übens unsicher fühlen, investieren Sie in eine Stunde bei einem Gesangslehrer, nehmen Sie Sprechtraining oder gehen Sie zu einer Logopädin.

Sie werden es nicht bereuen, es lohnt sich.

Auch ich widme mich in meinen Seminaren der Atmung, weil sie durch simples mechanisches Anwenden Grundlegendes verändern kann. Mit dieser Basis lässt sich intensiv weiterarbeiten, und man kommt effizienter an die Kernthemen.

Stehen Sie aufrecht, mit leicht gebeugten Knien.
Öffnen Sie das Brustbein und ziehen Sie Ihre Schultern nach hinten unten.
Vermeiden Sie ein Hohlkreuz. Kippen Sie, wenn nötig, Ihr Becken nach vorne, oder setzen Sie sich kerzengerade auf einen Stuhl.
Stellen Sie sich vor, dass Ihr Kopf eine Kugel ist, die auf dem obersten Wirbel liegt.
Jetzt haben Sie die perfekte Haltung, um ungehindert Luft fließen zu lassen.
Zu Ihrer Überraschung arbeiten wir nicht an der Einatmung, sondern konzentrieren uns auf die Ausatmung.
Atmen Sie die gesamte Luft, die Sie in sich haben, auf »F« oder »S« aus.
Bedenken Sie, Sie haben mehr zur Verfügung, als Sie vermuten.
Lassen Sie Ihre Bauchdecke fallen, indem Sie alle Spannung aktiv lösen.
Die frische Luft wird ohne Ihr Zutun eingezogen.
Üben Sie!
Sie automatisieren diesen Prozess und können ihn so verinnerlichen.

Mein Tipp: Wenn Sie ausgeatmet haben und Sie bekommen noch einen einzigen Piepston raus, dann enthielt Ihre Ausatmung nicht Ihr gesamtes Volumen. Denn jeder noch so leise Ton braucht einen Hauch von Luft.

Um Ihre Atmung zu vertiefen, können Sie sich auch unterstützende Bilder vorstellen, die in Ihrem Körper oder um ihn herum ablaufen.

Ich denke an das Fahrstuhlprinzip oder die Wurzeln.

Es gibt viele Möglichkeiten, sich zu einer intensiven Atmung hinzuarbeiten.

Finden Sie die, die am besten für Sie funktioniert.

Seien Sie kreativ.

Nichts passt besser zu Ihnen als Ihr persönliches Bild.

WIE LERNE ICH VERTRAUEN?

Wir entwickeln ein Vertrauen, das Sie trägt, und erreichen dadurch eine Offenheit.

Stellen Sie sich vor einen Spiegel.

Sehen Sie sich tief in die Augen.

Entspannen Sie sich.

Sagen Sie: »Ich vertraue.«

Reflektieren Sie sich: Wie reagierte Ihr Körper? Wie fühlten Sie sich? Fanden Sie sich selber glaubhaft? Wie authentisch waren Sie?

Bilden Sie weitere Sätze, die alle mit Vertrauen zu tun haben. Bedienen Sie sich bei Hilfsverben. Formulieren Sie alles, was Ihnen im Zusammenhang mit Vertrauen einfällt.

Lassen Sie Ihrem Erfindungsreichtum freien Lauf. Ihrer Kreativität sind keine Grenzen gesetzt.

Bemerken Sie, dass ein Satz nicht so fließt, dann wiederholen Sie ihn.

Nehmen Sie zur Kenntnis, welche Veränderungen Sie spüren. Gibt es Formulierungen, bei denen Sie sich besonders erleichtert fühlen?

Nutzen Sie das, um nochmals darin zu baden.

Empfinden Sie bei bestimmten Sätzen eine Blockade? Dann dürfen Sie erneut ran.

Überfordern Sie sich nicht. Geben Sie Ihrer Seele die Zeit, die sie braucht, um die neue Qualität des Vertrauens anzunehmen und zu manifestieren.

Der Prozess ist in Gang gesetzt.

Es funktioniert auch ohne Spiegel.

Wiederholen Sie diese Übung, wann immer Ihnen danach ist.

Sprechen Sie alles laut und deutlich aus, flüstern Sie, schreien Sie es in die Welt hinaus oder singen Sie es vor sich hin.

Vielleicht gefällt Ihnen ja der Gedanke, unter Ihrem persönlichen Vertrauens-Mantra einzuschlafen? Oder wie wäre es, wenn Sie sich morgens damit aus dem Bett zaubern?

Stellen Sie sich vor, mit welcher Energie Sie in Ihren Tag starten!

WIE LASSE ICH LOS?

Loslassen ist eine Königsdisziplin.

Man kann sich auch nicht so recht erklären, weshalb ein einfaches Lassen einem eine solche Leistung abverlangt.

Man muss ja nur lassen. Aber genau das ist es. Kein Verbannen, Wegdrücken, Loswerden, Abschaffen, Weglaufen, Fortschieben und Abblocken.

Ich verwende einen Lösungssatz, der umfassend wirkt.

Bitte setzen Sie für »...« das ein, was Sie loslassen möchten.

»...« kann praktisch alles sein, Beziehungen, Gegenstände, Verhaltensweisen, Personen, Karma, Charaktereigenschaften, Krankheiten, Zustände und andere Themen.

Wählen Sie einen Wohlfühlort und machen Sie es sich gemütlich.

Beginnen Sie, indem Sie die folgenden Sätze aussprechen:

Ich verneige mich vor »...«.

Und lasse »...« in Liebe und Demut los.

In meinem grobstofflichen Körper.

In seiner feinstofflichen Ausdehnung.

In allen Dimensionen.

Im War, im Ist, im Wird bis in die Ewigkeit.

Ich weiß, Gott hilft mir.

»Gott hilft mir« ist im Sinne von »Er ist da« zu verstehen.

Wenn Sie feinfühlig sind, werden Sie bei jedem Wort eine Resonanz spüren.

Das kann auch Abwehr sein; im besten Fall ist es Erleichterung.

Aus meiner Erfahrung sind die leisen Töne hier wirksamer.

All das sind nur Vorschläge und dezente Wegweiser.

Bitte finden Sie Ihren eigenen Weg.

Viel Spaß beim Anwenden!

NOTIZEN

ICH DANKE IHNEN FÜR DIE BERÜHRUNG.

Autorin: Nicole de Virgiliis

MEIN DANK GEHT AN:

alle direkten und indirekten Mitglieder meiner Familie,
Andrea Köhler, Andrea Philipp, Guido Jaekel,
Holger Burkhardt, Jana Mederake, Jens Merkel,
Jessica Stephan, Manuela Haas Jorge, Marion Maier,
Mehmet Güzel, Morena Witschelinski, Rob Brinded,
Sylvia Püls, Ursula Kavalier